U0106929

# 不吐不快
# 吐而不快

陳莊勤 著

太平書局

## 不吐不快　吐而不快

作　　者：　陳莊勤

責任編輯：　Amy Ho

封面設計：　Cathy Chiu

出　　版：　太平書局

　　　　　　香港筲箕灣耀興道3號東匯廣場8樓

發　　行：　香港聯合書刊物流有限公司

　　　　　　香港新界荃灣德士古道220-248號荃灣工業中心16樓

印　　刷：　美雅印刷製本有限公司

　　　　　　九龍觀塘榮業街6號海濱工業大廈4樓A

版　　次：　2021年 12 月第 1 版第 1 次印刷

　　　　　　© 2021太平書局

　　　　　　ISBN 978 962 32 9361 7

　　　　　　Printed in Hong Kong

# 序言

　　我自 1986 年開始為本地報章寫社評，自 1990 年開始以個人實名發表抒發情感或對時事感言的文章。寫這些文章時往往是目睹社會現狀或時聞有感而抒發個人感想的文章。

　　在旁人眼中，我是比較熱衷政治的人。我自 1990 年參與創立「香港民主同盟」（港同盟）成為港同盟創黨成員。1994 年港同盟改組創建「民主黨」，我亦成為民主黨創黨成員。我一直堅信民主理念，同時亦有強烈國家情懷，相信循序漸進發展民主。可惜的是，香港政治生態自 2010 年開始急速改變，具有國家情懷、並以最大的寬容與耐心逐步發展民主理念，卻不被寵慣了的年輕一代接受。激進的本土力量對循序漸進發展民主失去了耐性，向港獨傾斜一發不可收拾。

　　《不吐不快　吐而不快》選錄了我在 2010 年至 2015 年發表過與香港時政有關的文章，以三篇 2010 年發表名為〈我是民主黨人〉的文章開始。我通過三篇〈我是民主黨人〉和後來幾年發表的文章，吐露了我對這五年間主導香港政壇的泛民政團逐步激進化，走向傾向港獨、逢政府必反的時局與社會現象的看法，也表達了我對這五年令人惡心的時局與社會現象吐而不快的無力感。從這段時間我發表的文章可以看出，因時局的變異與我認識的香港本土民主力量的異化，使我對民主與公義進一步思考，從這思考中我對民主與公義有了更高層次的理解，也改變了我對香港民主前景的看法。

陳莊勤

# 目　錄

# 我是民主黨人（一）

我是民主黨人。從港同盟到今天民主黨，整整 20 年。我想作為一個沒有公職、沒有黨內職位的普通資深黨員，我想我有資格為民主黨說幾句話。

過去這麼多年我主持過黨內很多次的會員大會，包括近期極具爭議的兩次黨內辯論：五區變相公投及政改改良方案的辯論。每一次黨內的辯論都使我深深體會到民主黨是香港政壇中最成熟、最開放、最理性和具有最充分黨內民主的政黨。雖然面對近期一同走在民主路上的泛民同路人的謾罵、嘲諷、挪揄和抹黑，我仍以自己是一名民主黨員為榮。

我相信很多民主黨友都會同意，作為一個民主黨人，在過去十多二十年，除了付出外，不會有絲毫個人的利益回報。這些默默地追隨民主黨走在民主路上只會耕耘和付出而不問回報的普通黨友，是我最尊敬的一羣。

草根階層的黨友及支持者在社區工作時，政治對手的抹黑、謾罵、侮辱，每當選舉，是例必面對的現實。即使是平日的社區工作，也面對建制派支持的地區組織、法團組織乃至政府部門的留難阻撓。但他們從不退縮，仍然背負民主黨黨人及民主黨支持者這沉重的擔子，為爭取民主而默默耕耘。6 月 21 日晚的大會，

近八成的黨友支持了民主黨領導層提出的政改改良方案。如果說民主黨是出賣香港的民主，那是對這些 20 年來不求名、不求利、默默為民主耕耘，只有付出，不問回報的民主黨黨友最大的侮辱。

我是一個過來人，我對作為民主黨人在香港這樣的社會環境下所承受的壓力、面對的排擠與嘲諷，有着很大的體會。

作為一個民主黨人，在過去乃至現在香港這樣的社會環境下，在個人職業以至事業發展因背負民主黨員身份而處處碰上歧視、排擠和不公平對待的我已不想多說。即使是私人的生活空間，也很多時候要面對別人異樣的目光，承受無形的壓力。我已記不起多少次，很多熟悉的、不熟悉的朋友在毫不政治的社交場合向我提出對民主黨的質詢和指責。他們之所以向我提出，我想有兩個理由。第一，他們對民主黨有期望，希望民主黨作為植根香港以追求民主為目標的重要政黨能為他們做一些事情。第二，以黨員人數來說，民主黨只是一個小黨，絕大多數的人不會加入一個只會承受壓力而毫無個人利益可言的政黨。作為民主黨員這隻「稀有動物」出現在這些朋友面前，他們很自然地會基於對民主黨的期望，盡情吐出心中對民主黨不滿的地方。

這些好友的質詢和指責，我完全理解。民主黨在一些事情上，也犯過錯誤。但我希望民主黨的支持者可以從過去 20 年來的經歷看到兩點。第一，民主黨對全民一人一票這普及而平等選舉制度的追求和信念，從來沒有動搖。第二，民主黨從來沒有偏離重誠信、勇於承擔和服從黨內民主決定的良好傳統。

今天改良政改方案的提出，有人說是民主黨出賣了民主，把民主黨大罵。這太容易了，毫不需要任何的道德勇氣。就如殖

民統治時代、末代港督彭定康先生提出的政改一樣，當每一個人在亢奮於主權回歸的時候，罵一個殖民政府的首席官員，太容易了，不需要任何道德勇氣；但要細心看看他提出建議的內容，再去支持推動，需要在政治上作出很大的承擔，在社會承受很大的壓力。我很驕傲，民主黨當年做到背負這歷史重擔的任務。今天，面對同樣的困難，我們為甚麼要退縮？

提出政改改良方案，為獲取階段性成果，民主黨願意作階段性的妥協。泛民中人，對民主黨指責，我不介意；反正過去 20 年來，我們已慣於正面別人的揶揄和指責。我痛心的是一些泛民中人對民主黨領導層的惡毒人身攻擊。我痛心的是一些泛民中人把民主黨推向深淵，然後以最不道德的手法奪取他們心目中的道德高地。

公社兩黨五位議員辭職推行變相公投，立法會一些建制派議員故意流會阻撓他們在立法會發表辭職宣言，民主黨雖不參與公投，仍仗義為他們執言，批評建制派的做法。看看今天，同是道不同、民主黨受到這些民主同路人怎樣的對待？

5 月 14 日下午，我在灣仔被的士撞倒地上，左腿骨裂送到東區醫院，兩天後 5 月 16 日我趕快出院撐着手架一拐一拐走進票站為補選投票。與我及我太太同行有投票權的大女兒堅決不投票。為此，我這一生人第一次向人公開了我的投票取向。我對我的女兒說：「我投了白票；我不支持參選的人，但我支持的是我投票的權利。」我太太聽了，也驚覺地說：「這麼巧，我也投了白票。」

我想在這裏裏說，我是公社兩黨口中說的 50 萬選民之一，

但我並不支持你們的做法，同時也沒有向你們破口大罵；反之我投上了我的神聖一票。我和我的太太也為使我的女兒了解投票的真義而第一次向別人公開了自己的投票取向。

很多年前有一次在立法會大樓門外，梁國雄先生在示威，我走前對他說：「長毛，我很佩服你，你做了一些我很想做但提不出勇氣做的事。」今天，作為民主路上的同路人，我仍然敬重梁國雄先生以至社民連諸位為民主的敢作敢為的作風。但我必須說的是，不論是黃毓民先生也好、陶君行先生也好，梁國雄先生也好，陳偉業先生也好，這次你們太過分了。

（原文發表於 2010 年 6 月 24 日）

# 我是民主黨人（二）

6 月 24 日《明報》刊登了我的短文〈我是民主黨人〉後，電郵給我一位讀者的回應。這位讀者說：「陳先生有中國人傳統的最大美德 —— 愚忠。」感謝這位讀者的回應，他提醒了我對民主真義的再思考，勾起了對民主二三事的回憶。

民主是甚麼？民主是包容，是尊重和聆聽與你不同意見的人。

這些日子，社民連及 80 後的年輕人不斷批評民主黨，說選民投票給民主黨議員入立法會是因為民主黨在選舉時要求 2012 雙普選，而今天民主黨違背了選舉時的承諾。那使我想起了在大學時與政治課的教授，討論過究竟民主選舉是選舉選民的民意代表人抑或是選舉選民的利益代理人？選民選的是單單完全執行他們的意見的代表？抑或是選一些能作出理性與良知判斷以達致爭取他們的利益的代表？

社工界的代表張國柱先生雖然是支持政改改良方案普選聯的一員，但他說他的社工選民大多數的意見是反對方案，所以他按他的選民意見投反對票。另一方面，衛生界的李國麟先生同是普選聯，他的選民有三萬多人，遠較社工多，意見紛紜，李先生在電台的節目中很坦白說沒有做民調，他憑他自己的理性判斷去投

贊成票。

　　主張代議政制政府，被稱為既是保守派也是自由主義者的
18 世紀愛爾蘭裔英國政治家 Edmund Burke，曾經就民選代表對
選民的責任說過這樣的一段話：

　　　"......It is his duty to sacrifice his repose, his pleasures, his
satisfactions, to theirs; and above all, ever, and in all cases, to
prefer their interest to his own. But his unbiased opinion, his
mature judgment, his enlightened conscience, he ought not to
sacrifice to you, to any man, or to any set of men living......Your
representative owes you, not his industry only, but his judgment;
and he betrays, instead of serving you, if he sacrifices it to your
opinion."

　　Edmund Burke 所表達的是民意代表永遠要把選民的利益放
在第一位，但該如何保護和爭取選民的利益，他對選民說的是：
「你的代表對你而言，不單單是付出勞力為你服務，也是他對事
物的判斷；假若他因為要迎合你的意見而放棄了他自己的判斷，
那他沒有服務你，他背叛了你。」

　　在這充滿着各種不同意見的多元社會，民主是甚麼？民主是
在代議政制中我們不能期望我們選出的代表在每一件事情上與我
們的意見一致，但我們必須要求我們的代表以選民利益為前提作
出理性與良知的判斷。

　　民主黨是一個跨地區、跨階層，代表不同意見的選民的政

黨。面對支持者中可能是兩種極端不同的意見，無可避免地必須作出判斷和抉擇。在關鍵時刻，因別人的辱罵而逃避作出理性與良知的判斷和抉擇，才是背叛了選民。當然，假若將來證明今天民主黨的判斷是一個錯誤的判斷，選民自會在將來的選舉中給予民主黨嚴厲的懲罰。

梁國雄先生多次提到劉江華先生因親左而要離開港同盟，劉千石先生因主張與中方溝通而被逼離開民主黨，民主黨今天與中央溝通，因此應還兩位劉先生一個公道。但事實並非如此。劉江華先生先在 1991 年的選舉中支持非港同盟候選人，違反紀律，經紀律程序在港同盟內部被公開譴責，劉江華先生自己選擇退出了港同盟，後來才加入民建聯。劉千石先生在 2000 年時同是前綫及民主黨成員，違反民主黨員不能同時是不同政黨成員的規定。劉千石先生不肯在前綫與民主黨之間作出抉擇，結果民主黨紀律委員會經聆訊後革除了劉千石先生的民主黨黨籍。劉千石先生是在離開了民主黨後才提出與中央溝通的。

兩位劉先生並不是如梁國雄先生所說是因政見不同而被港同盟／民主黨逼走，他們是因違反政黨紀律，經過嚴謹的程序而被作出不同的紀律制裁的。

這使我想起了 1976 年春天「天安門事件」後，毛澤東先生一個人說了算，罷免了鄧小平先生當時的副總理職位。中共當時的做法，明顯違反了憲法內說明，任免總理及副總理必須由人大常委會決定的程序規定。那年，到當時象徵中共在香港權力所在的中國銀行總行門外示威抗議中共違憲的只有兩位年輕學生，一位是天主教大專聯會的麥宗民先生，另一位是當時仍在香港大學唸

法律的何俊仁先生。

民主社會中，當一個人被指越線和犯規時，民主是甚麼？除了包容，民主還包含了按民主社會接受的程序去處理越線和犯規。梁國雄先生說民主黨欠兩位劉先生一個公道。我只可以說在處理兩位劉先生的事情上，至少港同盟和民主黨並沒有如毛澤東先生般，一個人說了算把鄧小平先生的副總理職位罷免，沒有如黃毓民先生一樣，一個人說了算便要把民主黨革除於泛民之外。

在 1976 年，「民主」仍是脆弱的呼喚；今天，「民主」已是雄壯的交響。也因如此，在民主路上，民主黨的領導人更應該感謝和細心聆聽泛民中人對民主黨的批評與指責，這些批評與指責提醒了民主黨人必須恆常以謙卑的心、理性的思維、包容的胸懷、不亢不卑的態度、戰戰兢兢地在爭取民主的路上繼續前行。

最後，也許應回來談談「愚忠」。

我與我的大女兒討論「愚忠」是不是一個貶詞，我對我的女兒說了一個我常常對人說傳頌千古受千萬後世人推崇的愚忠故事。

16 世紀，英王亨利八世為了離棄妻子，讓英國天主教會脫離了不容許信徒離婚的羅馬教廷，推自己為英國教會之首，並動員英國的貴族與官員用輿論支持他的決定。當時大法官 Thomas More 基於對天主教信仰的忠誠拒不表態支持亨利八世，但也沒哼半句反對，一直保持緘默。直至最後亨利八世找人誣告他發表反對英王言論，以叛國罪判他死刑。流傳的說法是在行刑前，忠於自己信仰的 Thomas More 說：「主佑英王，但永以主為先。」（God saves the King, but God comes first.）

我想對這位稱我為愚忠的讀者說：「我是民主黨人，但永遠以「民主」二字為先。」

（原文發表於 2010 年 7 月 2 日）

# 我是民主黨人（三）

7月1日下午的遊行，我到了維園，與黃國桐律師及一些港島區的民主黨黨友及支持者在民主黨遊行隊伍的中間。隊伍中插雜了一些手持批評民主黨出賣港人紙牌的年輕人，民主黨隊伍橫額的前面，幾個年輕人拉開一張指責民主黨的白色橫額，走兩步停一步的不斷阻撓民主黨遊行隊伍的前進。每當民主黨叫口號時，他們插在民主黨遊行隊伍的中間使用他們的喇叭及喝倒彩聲，掩蓋民主黨的口號，從維園走出電車路進入銅鑼灣，本來只需要五分鐘的路程，民主黨在被這些人阻撓下走了超過 30 分鐘。到了政府總部，這些人更以肢體暴力侵犯民主黨人，個別報章形容民主黨的人在警員的保護下「落荒而逃」。

在遊行時，民主黨楊森先生不時提醒遊行的民主黨友及支持者「打不還手、罵不還口」。在這民主的苦行路上，一眾的民主黨友及支持者只默默前行，接受不時路旁傳來對民主黨的指摘和謾罵。

其實，七一遊行前，黃毓民先生說他的支持者只會「動口不動手」時，我已很清楚他在向香港市民及他的支持者傳遞一些在遊行時該怎樣對待民主黨的訊息，因而面對路旁個別人士的謾罵，我可以坦然面對。但對那些假民主之名而插入民主黨隊伍中

間破壞民主黨人的遊行，強行擠在民主黨隊伍前面阻撓民主黨隊伍前進的行為，老實說，我接受不了，我也不相信有誰能接受得了。

在任何一個正常的遊行活動，有人這樣破壞及阻撓別人的，已經是刑事罪行，受害人是可以報警求助的，但當然，民主黨沒有，民主黨友及支持者只默默地用比正常多一倍的時間走完這民主苦路。

這些個別政治流氓的無賴行為，遊行當天，參與遊行的人均有目共睹，第二天報章也廣泛報導。這絕對不是辯論不同政見的問題，這是不折不扣的政治流氓無賴、假自由民主之名妨礙別人行使民主權利的行為。從民主政治的角度，這些人正是以行使自己自由權利之名阻撓了別人行使遊行權利的自由。這也不再是言論與表達自由的問題，這是人倫對錯、這是社會行為準則底線被侵犯、這是一些人的遊行權利被另外一些人用近乎違法的行為惡意阻撓的問題。

面對這些流氓無賴行為，是非對錯非常明顯，我失望的是社會上並沒有很多人站出來說句公道的說話。難道，我們都向粗言侮辱和暴力侵犯屈服了嗎？我更失望的是同是泛民、以保護公民權利為己任的幾位公民黨尊貴大律師，至今始終並沒有在這些大是大非的對錯上哼半句公道說話。大律師為公義、為維護別人民主權利而敢言的道德勇氣去了哪裏？我想問問，假若被別人惡意插入隊伍中間破壞遊行的是公民黨的隊伍，被肢體暴力侵犯是公民黨的隊伍，幾位尊貴大律師會接受嗎？

五區變相公投時，報章頭條大字說何俊仁站出來、民主黨

站出來。我常常說，因對政改持不同意見別人對民主黨的批評指摘，無論如何激烈，我不介意；但在這些人倫對錯、社會行為準則底線被挑戰、一些人的遊行權利被人惡意破壞阻撓的大是大非問題上，立法會內公民黨的幾位大律師，並沒有履行民意代表直斥其非的責任；我想不通，難道他們心底裏同意這些政治流氓的無賴行為？如果是的話，我倒希望他們能公開表示一個態度。又難道，就如我的一個律師朋友說的一樣：「算了吧，一個普通工人一年的工資只可以勉強聘請這些超級大狀到法庭為他們仗義執言半天而已。」

然後，看看另一個場合。報章說在上週六的一個政制研討會中，把民主黨罵得最徹底的梁國雄先生趨前希望與公民黨的余若薇女士握手，余若薇女士拒絕握手，說自己「有少少藍血」。如果這便是有貴族藍血血統的公民黨為保住不喜歡激進做法的選民的選票的姿態，Sorry, I am not impressed.

選舉是政黨的生命。

在 1995 年，我參與提名吳靄儀女士循法律界功能組別參與立法局選舉，一直也在支持她。在 2000 年，民主黨為大局着想，禁止黨員參與港島區因程介南先生去職而進行的立法會內補選，傾全黨之力支持余若薇女士參選。今天，面對與不同政見無關的是非對錯，公民黨竟然可以對一些人的公民權利被侵犯視而不見，以旁觀者的沉默、客觀上成為這些行為無賴的政治流氓的幫兇，間接上鼓勵他們以後繼續這樣做。我不知道是不是為了選票，常常把公義掛在口邊的大律師也可以對這些近乎違法的行為保持沉默，政治現實如此，我只感覺極度的痛心。

7月1日那天，在酷熱的天氣下，作為一個民主黨人，我站在維園被惡意插入民主黨遊行隊伍的人謾罵。民主黨的隊伍在遊行中被惡意阻撓、被粗言穢語辱罵、在政府總部被粗暴肢體衝撞。若是因為不滿民主黨而在路旁指罵，我認為無所謂。但7月1日那天已不再是「動口不動手」。而是有這麼一小撮人以粗暴行動侵犯民主黨人遊行表達意見的行為，以肢體粗暴衝撞遊行的民主黨人的行為。作為一個普通的市民、作為一個法律界的選民，我想請吳靄儀小姐及她所屬的公民黨以大律師一貫是其是非其非的作風，表示一個鮮明的態度，他們究竟是支持贊同這些行為、抑或是反對及譴責這些行為、又抑或顧左右而言他地說一些不着邊際的三流政客的說話，或甚而仍然不發一言繼續避免得罪這些行為無賴的政治流氓以爭取他們的選票？

　　讀法律的人都會永遠緊記18世紀啟蒙時代法國思想家，被公認是啟蒙運動領袖和導師的伏爾泰（Francois-Marie Arouet Voltaire）的一句話：「我不同意你的觀點，但我拚死捍衛你表達你的觀點的權利。」（I disapprove of what you say, but I will defend to the death your right to say it.）

　　作為一個民主黨人，我有我的立場，別人不同意我的立場把我批評指摘，我不介意。作為一個法律界的選民，我在這裏很坦白對吳靄儀女士說，妳作為一個大律師、法律界的代表，如果你掛在口邊的公義只包含你及公民黨的政見，而不是也用作捍衛與妳政見不同的人，不受違法阻撓及不受無理粗暴攻擊辱罵地行使政治權利的話；如果妳對這種近乎違法的阻撓別人行使公民權利的行為不發一言、對這種無理粗暴辱罵及以肢體惡意侵犯衝擊不

同政見的人的行為，不表示一個鮮明的態度的話；那對不起，我再找不到任何理由繼續在法律界功能組別中支持妳及公民黨的任何律師。

（原文發表於 2010 年 7 月 8 日）

篇後記：

　　2010 年到 2020 年十年時間證明政治真是一潭濁水，公民黨一眾參與政治的大律師不離他們為贏官司精於計算的本色，早已是一伙精於計算選票的高級政壇混混；眾多原來一腔熱血擁抱香港民主回歸祖國的民主黨元老在政壇混久了，也變成了為選票放棄初衷包庇暴力向港獨傾斜的政壇混混。對一眾一直挾洋自重大律師把持的公民黨而言，最終《港區國安法》出爐，一眾公民黨元老迅速鳥獸散退出政壇。回看當年樸素赤子之心對民主的忠誠，十年變化，實令人握腕長歎，也令人深刻反思。

# 麻木不仁的政府、
# 看不到前景的 80 後

財政預算遊行後，部分 80 後年輕人衝出中環的幹道，阻塞交通，警方武力清場。警務處長曾偉雄先生表示警察毋須為執行法紀道歉。

我個人反對近幾年來年輕人這種每次在和平示威遊行後的撒野行為，因而我也同意警方並無必要為維持社會秩序作出的行為道歉，他們只是執行職務而已。其實，癥結在於我們這麻木不仁的政府，需要道歉的，是那些麻木不仁的決策高官。因此我完全明白 80 後年輕人對這麻木不仁政府的憤怒，他們的行為是完全可以理解的。

我不是學者，也不是專家，沒有理論的研究或數據的收集來支持我的看法，我只是一個如同很多很多香港人一樣的小市民，我只從身邊的人和事看這社會，從小市民的角度看今天香港社會的問題。

前幾天，我與我的姐和弟陪同我那 85 歲的父親下午茶，談到我姐姐的大女兒要結婚，但為房子發愁的問題。我姐姐的女兒月入一萬多元，連同她的男朋友一同月入二萬多元，沒有資格申

請公屋，以今天的樓價，即使是父母幫助支付部分首期，如他們這樣的年輕人也沒有可能負擔起購買一層 500 呎的住宅樓，我的姐姐說，她的大女兒是家中最憤世嫉俗的一個。

我姐姐的大女兒便是現今年輕人的寫照。他們不是不求上進，但他們看不到前景。我的姐夫是一個不是車主的的士司機，每天早上五點多便起來工作，天黑才回家；我的姐姐是每星期兼職四至五個早上或下午的家庭主婦。他們的年代，結婚初期，努力工作，耐心輪候等待公屋；有了基礎，申請居屋，扶上了低中產階級的車邊。而他們的女兒呢？他們的女兒比她的父母有更高的學歷，但這麻木不仁的政府提供給她和她未來的丈夫的是甚麼？幸運的，被貪婪的地產商一輩子地剝削；不幸的，連安居的居所也沒有。

前幾年在上海進進出出地工作的時候，上海的朋友對我說，上海的女孩很現實，有男孩子追求她，她會先弄清楚這男孩子有沒有房子，或有沒有父母為他置房子；如果都沒有，她便會叫這男孩別浪費時間。我笑着對我的上海朋友說，香港不是這樣。我對他說，香港的年輕人都很接受沒有房子便結婚，因為他們大部分人不會有能力負擔得起去買房子，他們會在結婚後乖乖地輪候公屋。

我錯了。

我的姐姐年輕的時候，也許確實如此；但從今天香港的情況來看，我錯了。今天，隨着知識型經濟的形成，大部分年輕人的收入，已超過了申請公屋那不切實際的低水平。同時，私人住宅樓宇的樓價，卻因為外地湧入的需求，而把價格推高到不合理

和本地年輕人根本沒有可能負擔的水平。公屋沒有了，居屋沒有了，我們的年輕人，有心上進和希望建立家庭安居樂業，但看不到絲毫的可能。他們的憤怒，我完全理解。

今天的香港，是一個被扭曲了的社會。

擁巨資移居香港的內地投資移民，根本不會理會香港的樓價有多高，而底層的低學歷低收入內地移民，就如我的姐姐年輕時一樣，努力工作，耐心輪候安居之所，總有一天能等到。

而我的姐姐、姐夫，為香港辛勞了大半生，培育出兩個學歷遠比那些低收入的新移民為高的女兒，但他們的女兒並不能如那些新移民般可以看到安居的前景。這是荒謬的。我想問問我們這政府，除了照顧大商家，大地產發展商的利益外，我們這政府有想過那些為香港辛勞了一輩子的市民和他們的下一代嗎？

看看我們這進退失據的政府，為了只差兩三億元便可惠及數以萬計人的雙軌交通津貼而和議員拉鋸幾個星期，但花掉 300 多億的派錢決定卻只消在幾小時便拍板定案。

看看我們這殖民統治末代半跪在英國人面前接受人家爵銜的「政治家」，早已與基層脫節。其他 30 多歲未出頭已開始被商家們前呼後擁、出入上流社會二、三十年的政務官高官或那些品嚐幾萬元一瓶紅酒、被政府拉進去當局長的高官也一樣。要求他們知道一碟粟米斑塊飯價錢是多少，簡直是天方夜譚。

回歸後不久，國際大鱷衝擊香港股市，政府動用千億外匯基金救市。幾位年輕的基金經理要求我安排他們與李柱銘先生見面，遊說李柱銘先生支持政府的做法；或至少減少或停止抨擊政府千億元入市的做法是干預自由市場。他們的理據是，他們觀察

到的是外國大鱷有計劃地對香港股市衝擊，正在導致香港經濟體系的系統性崩潰，政府動資源捍衛經濟體系是無可厚非的。

今天，由外地特別是內地湧入的大量金錢和每天超過十萬從內地湧入瘋狂購物的消費者，扭曲了一向平靜的香港社會面貌，動搖了我們固有的社會體系。樓價再不會因為香港人負擔不起不買樓而下降，物價也不會因香港人負擔不起減少消費而下降。一個社會的穩定基礎是一個強大而對前景具有信心的中產階級；今天，不單低下階層難上中產的台階，就是土生的香港中產階級也後繼乏人，他們的下一代很多很多已被扭曲了的社會體系推向成為除了以肢體表達訴求外，便一無所有的無產階級。

劉兆佳先生是否收回他的臨界點言論，也不會改變香港社會普遍對現狀的不滿已到了臨界點的事實。如果我們的政府仍然抱殘守缺，堅決以自由市場為名，只維護商家地產商的利益、不動用坐擁的龐大資源扭轉這被扭曲了的社會面貌的話，我的感覺是我們幾十年來努力建立的社會秩序，正開始慢慢地、系統性地崩潰，我的感覺是累積的民憤很快便會大規模地爆發。

（原文發表於 2011 年 3 月 25 日）

# 褪色的光環 —— 律師政客的窘境

「屁股指揮腦袋」是毛澤東先生喜歡掛在口邊的一句一矢中的、點出問題本質的至理名句。

在最近那場外籍傭工居港權的爭論中，坐在立法會議事堂的幾位公民黨大律師和其他在這問題上態度閃縮的律師政客的窘境，正是他們身坐在立法會議事堂，屁股卻遺留在正義道上高等法院的法庭內。

雖然公民黨主席大律師梁家傑先生多次強調重視的是維護法律精神；公開說明外傭居港權訴訟，外傭即使勝訴也不等同自動獲得居港權，仍必須通過由入境處把關的四大關卡。但始終未能釋除社會上很多人對公民黨在外傭居港權事件上立場的疑慮。

很多民調都顯示公眾對外傭居港權的疑慮，在於外傭勝訴將無可避免地把居港大閘向十多萬可能有資格的外傭敞開，引來就業及其他社會資源上的競爭。法律條文與精神對大多數人來說是深奧和遙遠的；而在目前惡劣的經濟環境下，就業競爭與社會資源爭奪的疑慮卻是實實在在的。這也是那些負責為外傭打官司的律師，無論如何就法理解說，也無法釋除大眾疑慮的原因。簡單地說，公眾不解的、不滿的不是頭帶正義光環的大律師們的伸張法律正義行為。公眾不滿的是既是律師、但同時是政客的律師

們，至今仍沒有清楚表達從政治層面上而言，這些律師政客在外傭居港權上的立場。

律師政客的窘境是屁股坐在討論公共政策、充滿討價還價、爾虞我詐的議事堂，但思維上仍停留在希望仍然可以頭帶光環在法庭滔滔雄辯當法律正義化身。世界上哪有這麼便宜的事？就如我常常對我的朋友說，屁股坐在上市公用事業公司主席位的超級富豪為公司股東的利益賺盡小市民的錢，無可厚非；但卻指三道四，希望被他賺盡了的小市民稱讚他是視富貴如浮雲的善長，世界上哪有這麼便宜的事？

外傭居港權是公共政策的爭議，亦即作為政策，社會是否接受外傭工作滿七年便應該可以申請擁有居港權。作為律師，我可以說那不是我的問題，我只按法律條文和《基本法》的正確理解去處理；但作為參與政策制定的政客、政黨、立法會議員，均無可迴避地必須回答一個問題：無論外傭居港權官司最終結果是怎樣，究竟作為有份參與政策的制定或修改的政黨、政客們，你們認為政策上是否應該容許工作滿七年的外傭申請居港權？

這是政策問題，不是法律問題。政策定了，可以要求修改法律、修改《基本法》去落實政策。因此，所有政黨及政客均必須正面回答這問題，而不能躲在現行法律條文字裏行間或躲在民意後面迴避表明自己的立場。

一個單純的律師、大律師，沒有任何政治利益，為一個弱勢社羣的當事人出頭，贏了官司，獲得社會大眾的稱讚，那很正常，因為這律師、大律師，身份單純，只做了分內的工作。但若這律師，大律師同時代表了某一種能影響公共政策的政治力量，

那便是另外一回事。

　　一個律師當上了政客，便不再擁有作為法律正義化身的光環。然而，在面對極度爭議性的議題時，即使沒有了光環，仍可以即使是少數或遭人唾罵時仍堅持信念立場；又或者也可以在被少數人惡意唾罵時仍堅持以大多數人的意見為立場依歸，民主黨在五區公投及在去年在政方案的立場面對的便是這種唾罵，那很平常。被唾罵是政客須恆常面對的現實，即使你是大律師又怎樣，只要你是議事堂的一分子，你頭上便不再有光環。

　　毫無疑問絕大多數人都尊重法庭對法律條文的詮釋，但那不影響一般市民在公共政策層面有自己與法庭不同的看法。公共政策制定者的政治人物不是協助法院理解法律條文的律師。也因如此，在討論政策層面上居港七年的外傭是否應擁有申請居港權資格時，所有政黨，包括民主黨及公民黨均必須表態，不能躲在《基本法》條文背後、躲在法庭判決背後迴避表達自己的立場。政黨不可以說法院對《基本法》條文的理解便是政黨的立場，那等同沒有立場，等同迴避表達自己的立場。任何一位議員即使同時也是律師，也並無不作政治表態的特權。

　　法律不同政治，政治是公共政策的討論和制定，法律是公共政策的延伸和落實。官司打到最終，必然得出一個絕對的對錯；政策爭論到最後，結果可能有多種：可以是皆大歡喜的共識，或者是大家都不大滿意的妥協而同步向前；又或者是有人滿意有人不滿意的用投票來決定應往左走抑或往右轉。

　　我必須申報，我是民主黨人，在這裏既評論別人，也鞭撻民主黨中的人。回歸前，一位初次參與立法會選舉的律師信誓旦旦

的說，只任一屆便不再連任，晃眼 16 年過去了，頭髮已開始灰白、面目已開始模糊的律師仍坐在議事堂。在 90 年代初，一些才 30 出頭的有學識、有理想的小伙子們追隨民主黨的老大當義工，示威抬旗走在遊行隊伍的前列，今天已 50 歲當年有理想的小伙子沒有當上議員，仍然是不獲老大給予機會的義工，仍是遊行隊伍兩旁的糾察，伴着一眾身形發胖的大佬。

那是一幅幅叫人傷感的圖畫。

政治是一潭令參與的人趨之若鶩的濁水，樂而忘返地在這潭濁水滲得久了的大律師們從水中冒出，已沒有了當年那令人耳目一新的臉孔，也許，頭上剩下的只是那早已褪色的光環。

（原文發表於 2011 年 10 月 13 日）

# 拒絕行使酌情權的低級公務員

公民黨主席梁家傑先生 10 月 20 日在〈恕我不能當政客〉一文中，指我在《明報》10 月 13 日拙文〈褪色的光環 —— 律師政客的窘境〉中提到幾位公民黨大律師當上立法會議員便把法治堅持拋諸腦後和要求他們做個放棄底線的「政客」。

我想，梁先生有點火，沒看清楚我的原文。當然，「政客」一詞譯自英文的 politician，我不想如我們的特首般，很「濫」的把自己和一般參與政治的人，說成是很出色的政治人物在死後才被冠上的政治家（statesman）名稱，所以用了「政客」一詞，當中絕無貶義。也許我應用「從政者」這名詞。

如果梁先生細心閱讀我〈律師政客的窘境〉的原文，可以清楚看到我要求的是作為參與政策制定的政客必須清晰表明立場，我文中這樣說「……即使沒有了光環，仍可以即使是少數或遭人唾罵時仍堅持信念立場……」我從來沒有要求任何從政者（包括公民黨的議員）放棄底線或把法治堅持拋諸腦後。我在拙文中表達得很清楚，我說的是「毫無疑問絕大多數人都尊重法庭對法律條文的詮釋，但那不影響一般市民在公共政策層面有自己與法庭不同的看法……」。在拙文中我從沒有說我認為哪一種立場是對、哪一種是不對的，我認為的是從政者必須在公共政策層面很

清晰地表明自己的信念立場。

我很欣賞梁先生在 10 月 20 日文中，很清晰地表明了他及公民黨對信念立場的堅持。

民主黨何俊仁先生在 10 月 18 日回應林輝先生的文章已表達了外傭居港權是移民政策與人口政策問題，不是人權問題，這便是政策立場的不同，這也是不同的從政者在政策討論時必須申明不同立場的原因，我看不出作為從政者的大律師（如梁先生）、或者律師（如何俊仁先生）在立法會議事堂討論政策，清晰表明政治立場，如何會如梁先生在文中質問，會有向法院施壓的效果？作為立法會議員的大律師們如何看三權分立？是不是法院判決過的事便在立法會議事堂內不能碰？況且，假若日後因外傭居港權終審結案，議論到要求修改《基本法》，是不是又是以恐怕向法院施壓為理由不能表達政治立場？

從政者只要是屁股坐在議事堂，便永遠不能迴避表達政治立場的。這也是我說「屁股指揮腦袋」的原因。

簡單的回應到這裏，我倒想就政策與法律的問題講一個故事。

今年 4 月上海交通大學一位法律教授安排我到上海交大講了一課關於「內地與香港法律差異」的通識課。我在課題中談及香港的立法、法律修訂和法院對行政部門行為的司法覆核權與法院對法律條文的詮釋權部分，講了「一個拒絕行使酌情權的低級公務員」的故事。

1980 年，一個剛大學畢業加入政府當二級行政主任的低級公務員，被調派到運輸署牌照部的檔案及駕駛執照（Records and

Driving Licence）部門。他其中一項職責，是行使根據《道路交通條例》附例，賦予運輸署長向在港持附例規定的 32 個國家及地區所簽發的外地正式駕駛執照的持照人，簽發正式香港駕駛執照的權力。

附例的原意是向一些外國來港居留或工作人員，免試直接簽發香港正式駕駛執照，32 個國家地區主要是歐美國家、英聯邦國家及地區和中國內地。低級公務員接任了這職責後，發現了很多問題。包括：

- 一些香港居民跑到馬來西亞沙巴玩了三天，便拿了一個沙巴駕駛執照回來換香港的駕駛執照。

- 有貨運公司安排港人到印度孟買三天回來，又多了一個駕駛執照換香港執照。

- 一些加拿大人口稀疏的省份考了私家車牌便也被授予大貨車駕駛執照，回到香港又換了大貨車駕駛執照。

- 1980 年底取消抵壘政策前，大量珠三角洲的青年游泳偷渡來港，他們很多人身上都帶同一本簇新的大貨車駕駛執照，進入市區拿了香港身份證便換開大貨車的香港駕駛執照當大貨車司機。

- 更離譜的是一些香港居民在香港申領了學車用的臨時駕駛執照（Provisional Driving Licence），跑到澳洲，免試換了澳洲第一年持牌時被稱為 Provisional Driving Licence 的澳洲正式駕駛執照回香港，以這名為 Provisional Driving Licence 的澳洲正式駕駛執照，免試換了香港的正式駕駛執照。

低級公務員到任後看到這些問題，書面向他的上司報告並要求從政策層面處理。他那當了 20 年公務員的上司並不理會。

　　然而，這些都是零散的問題，真正的大問題是有一天這位低級公務員在報章上看到一則廣告，有一間公司稱可以安排港人到湖南郴州市旅遊七天兼駕駛訓練及考試，保證可以拿到大貨車大巴士牌照，回到香港可以按法例免試換領香港的大貨車大巴士駕駛執照。

　　低級公務員看了這則廣告後，知道事態嚴重，寫了一份內部報告給他的上司，說明這次有組織地考國內車牌換香港車牌涉及政策問題，已不單純是執行運輸署長酌情權的問題；並要求他的上司給予政策上的指示，同時即時拒絕簽發香港駕駛執照給這些從湖南郴州市通過短期訓練考取中國車牌的香港居民。

　　但這位低級公務員的上司並沒有採取任何行動，反要求低級公務員按附例照簽發執照，低級公務員反覆看了附例，說的是「運輸署長可簽發……」（the Commissioner may issue……）香港駕駛執照給這些人，而不是「必須簽發」（shall issue），所以認為只是酌情權，他在這批次的申請中，基於公眾利益考慮，拒絕行使酌情權。並堅信基於公眾利益考慮拒絕行使酌情權是對的。

　　一個月過去了，累積了 400 個這樣的申請，兩個月過去了，增至 800 個，不獲簽發香港執照的申請人、安排領取這些國內車牌公司的人，每天來吵，而這低級公務員的上司，即使在男廁內與低級公務員並排而立時仍不斷催促他簽發，但對低級公務員要求一個清晰書面指令時，他的上司卻拒絕向他發出。

　　為了維護公眾利益，低級公務員承受了很大的壓力，直至有

一天下午運輸署牌照部的每月例會，當時的副運輸署長 Mr. Peter Leeds 來參加會議。在談到直接簽發駕駛執照的議程時，Peter Leeds 問這是甚麼，低級公務員一次過把免試直接簽發駕駛執照的問題全部說出。

Mr. Peter Leeds 聽了匯報後，向低級公務員的上司問：

"What branch you referred to? Was the Political Advisor made aware of this?"

當年負責政策的不叫政策局 (Policy Bureau)，而叫政策科 (Policy Branch)。

低級公務員的上司瞠然及茫然的問：

"What branch?"

Mr. Peter Leeds 有一點火的瞪眼向低級公務員的上司吼了一句：

"The Environment Branch!!!"

當年負責運輸政策的政策科是環境科。而郴州市車牌涉及可能歧視中國簽發的車牌，所以 Mr. Peter Leeds 問有沒有向港督政治顧問通報。

我便是當年這位低級公務員。

結果，當天下午 Mr. Peter Leeds 怒氣衝衝地離開後不久，運輸署總部的一位助理署長 Mr. Nigel Shipman 打電話給我，要求我立即把所有有關免試直接簽發香港駕駛執照的檔案及資料給他。第二天早上廉政公署行動組的一位高級調查員 Mr. Bill Hocking 到我的辦公室，要求了解免試簽發香港駕駛執照的運作。那天下午，廉署防止貪污處的另一組人也到訪，表示希望了解我這職位

涉及可能貪污的機會及了解應如何防止。

如果當年我把看到的問題通通掃進地毯底，結果可能是平靜的皆大歡喜，每年只多了十單八單嚴重的大貨車交通事故而已。但因為我不願意如同當時我的上司那樣把看到的問題掃進地毯底，引發了這些國內執照的持照人在 1981 年申請司法覆核，指這位低級公務員錯誤地拒絕行使酌情權。官司開審時我已離開了政府加入法律界行列。當時我想，我當上了律師屁股不坐在政府辦公廳，假若我是這些人的代表律師，看問題的角度又會截然不同。

我沒有追蹤這些人司法覆核官司的結果，但政治層面的結果，即法律作為公共政策落實工具的結果是所有人可以看到的，在 1984 年立法局通過討論修改了道路交通條例的附例，修改後的規定是這 32 個國家及地區駕駛執照的持有人，若要免試換領香港駕駛執照，其執照必須是通過考試獲得的（針對澳洲 Provisional Driving Licence），而且持照人必須是持有該簽發地的護照或者在獲得該地執照前已在該地居留超過 6 個月（針對短期旅遊考牌）。同時修改後的附例規定不能免試換領私家車及電單車以外的駕駛類別車牌（針對大貨車牌）。

我曾很驕傲地向我的女兒說，我相信 80 年代 90 年代的香港，因我的堅持而減少了不少大貨車的交通事故。

我很詳細地說這個故事的目的是希望再次說明法律條文是落實公共政策的工具，而公共政策涉及公眾利益，制定或修改必須通過公眾討論，從政的人，不能迴避討論及表明立場。甚而，在公共政策的執行過程中，落實執行政策的人發現法律條文不能體

現公共政策的原意，或條文出了影響公眾利益的漏洞時，必須堅持提出。

　　法院的判決誰也不可施壓影響，這是不需要梁先生提醒的，但法院判決後，面對公眾利益的矛盾如何平衡？如何取捨？是否因涉及人權所以必須維持法律不變？抑或這是公共政策問題所以須修改法律去解決矛盾？從政者即使是大律師也好、律師也好，作為立法者的法治底線是必須在討論或爭論中，責無旁貸地清楚表達自己的立場。

　　梁家傑先生在〈恕我不能當政客〉一文引述美國作家的名言：「政客只着眼下一次選舉，政治家則是放眼下一代」。我想說的是：每一個出色的政治家都必然曾經是一個普通的政客。一個從政者之所以會最終被稱為出色的政治家，便是因為在他仍是政客時曾為下一代的福祉而絕不含糊地清晰表達自己的政治立場，並贏得了別人的贊同。

（原文發表於 2011 年 10 月 31 日）

篇後記：

　　作為大律師與公民黨黨魁、不當政客、要當政治家的梁家傑先生在 2019 年香港發生黑暴時，為了迎合暴徒選民的瘋狂暴力而說出的名言是：「暴力有時是可以解決問題的」。而在 2020 年為止暴制亂中央政府為香港制訂《港區國安法》後，梁先生沒有了政治家的堅持，沒有了信誓旦旦「違法達義」的堅持，說出了典型政客「睇住條 law 來做」的名言。

# 投機政客：錯的永遠是別人
# 對的永遠是你們

　　英國 BBC 的 Knowledge 頻道最近因倫敦奧運而播放很多介紹倫敦的 series。6 月時有一套三集介紹倫敦地鐵的 series。當中介紹到倫敦地鐵為了乘客及員工的安全，即使很小的事故也會全線停駛。例如 6 月份有一集介紹晚上繁忙時間一個女人在倫敦唐人街的 Leicester Square 站被狂徒刺了一刀，坐在月台上等待施救，整條地鐵線便停了一個多小時，沿線很多車站為控制人流，不容許乘客入站，地鐵公司不宣佈是甚麼事，乘客也習以為常，沒有怨言。

　　10 號風球第二天在家看電視，BBC Knowledge 頻道又是介紹倫敦地鐵，說自從引入了新的列車後，車門感應度很高，只要是乘客背包的帶夾在門中整列車便不能開離車站，要待車長下車查究。那集介紹的 Tottenham Court 站乘客背包帶夾在門中的事故結果使列車停了十多二十分鐘，停在沿線的其他車站的列車也不能動。當進入車站聚集的人愈來愈多，為了安全，控制室便指示月台員工關上車站閘門，不讓更多的乘客進入車站。

　　片中沿線 Waterloo 站的員工關閘時，有不能進入的乘客責罵

他，那關閘的地鐵員工對罵他的人說：「我不是在這裏給你責罵的，我在這有工作要做。」

我立刻想起同一天的新聞。港鐵因大埔大樹倒塌壓住電纜停駛，10號風球下滯留車站的乘客斯文的埋怨、粗暴的指摘站內的港鐵員工幫不了他們回家，惡形惡相的逼車站員工為他們付的士車資。一眾投機的議員政客和譁眾取寵的媒體還不斷嚷着要港鐵道歉。

我們這究竟是怎麼樣的社會？我們這些究竟是甚麼樣的市民？

10號風球、大樹壓電纜，是誰的錯？議員媒體為甚麼非要港鐵道歉不可？颳颱風、大樹倒塌也是港鐵必須道歉的錯？是非顛倒如此，我們還有民智嗎？更離譜的是鄭家富議員，他自己也覺得港鐵為霸道靠惡的乘客付的士車費不對，但卻說港鐵有責任有車隊接載10號8號風球下滯留的乘客。我想問問鄭議員，若真的有港鐵車隊，港鐵車隊員工真的10號8號風球下開車，港鐵車隊司機的安全，誰去負責？若港鐵車隊真的8號風球下開車接送滯留乘客，鄭議員到時又會不會指摘港鐵不顧員工安全，要車隊員工8號風球下開車？

議員媒體指摘港鐵大樹壓電纜便即時停車，沒有及早宣佈。我又不明白，若不即時停車，列車繼續行駛，這些議員政客和媒體又會怎樣說？說港鐵罔顧人命安全、電纜被壓也照開車？這些政客、媒體評論員，廣東俗語說：「係又鬧，唔係又鬧。神又係你哋，鬼又係你哋。」錯的永遠是別人，對的永遠是你們。

這些為了選票便不問對錯包庇縱容和助長刁民之風的議員政

客，在過去十多年來着重的，是近乎不負責任地不斷鼓吹無限伸展個人的權利而絕少提公民應付的責任和應有的包容。因而這些年來，香港社會慢慢地喪失了我們過去所擁有的包容和理解、反躬和自省的習慣和能力。代之的是這股由刁民、投機政客與譁眾取寵的媒體合奏出來的歪風。

10 號風球第二天早上改為 8 號風球，天文台早上 8 點前已經說早上 10 時前會改掛 3 號風球，結果 9 時 58 分改掛 3 號風球。接着的一天，一位母親打電話到電台，說她女兒工作那家在銅鑼灣的百貨公司不近人情，要風球改掛 3 號後一個半小時回到公司上班；結果，這位母親說，她代她的女兒向公司告假。電台的主持人當然又是幫口指摘百貨公司是無良僱主。

同一天的早上，我的一位住在海怡半島的朋友說，電台早上 8 時前說天文台會在 10 時前改掛 3 號風球，9 點還未到、8 號風球未下，一些快餐店工作年紀較大的嬸嬸伯伯，已經在巴士站等快要復開的巴士上班了。

那是對工作和對自己做人態度的問題。從這些 8 號風球下風雨中等巴士的嬸嬸伯伯中，我無奈地懷緬我們那美好的過去，而很清楚知道每天面對更多的是那百貨公司員工的母親、那附和她的電台主持人和那些甚麼事情都罵的政客。這便是香港這種刁民政治，他們的特點是他們永不問自己應負的責任，只是永遠沒有例外地埋怨別人的不負責任。

香港怎麼了？為甚麼我們有這樣的社會？

非民選的政府、不是由民選政府監管的公營機構和公共服務機構，沒有認受性，只有被指官商勾結的份兒；無論他們做甚

麼，對也好、錯也好，只有被罵的份兒。

　　不民主的社會，造就了不對自己行為負責的人民。因為要負責的官員、負責監管公營機構和公共服務機構的官員不是我們選出來的，那成了刁民撒野的最好藉口。

　　所謂刁民是社會上不對自己無理行為反思的一羣。問題是：我們的政客怎麼了？看他們對官員及公營機構和公共服務機構謾罵的嘴臉，我在想，他們與刁民有甚麼分別？

　　10 號風球下，大圍車站內的港鐵員工面對向他們指摘及惡言相向的一小撮乘客，並沒有如倫敦 Waterloo 站的倫敦地鐵員工一樣理直氣壯地對滯留的乘客說：「我不是在這裏給你責罵的，我在這有工作要做。」他們只默默地很負責任地履行他們的職責。滯留在車站內絕大部分的人也一樣，他們理解他們所遇的困境不是任何人的錯所造成，因而他們也默默地包容。就如 8 號風球下等巴士復開的嬸嬸伯伯一樣，他們所展示的才是我們希望那寧靜、自省與包容的香港社會，而不是那些投機政客和譁眾取寵媒體鼓吹的，事無大小也吵吵鬧鬧的香港。

（原文發表於 2012 年 7 月 28 日）

# 「從善如流」、「迷途知返」抑或是「跪低認衰」？

上月底拙文〈投機政客：錯的永遠是別人，對的永遠是你們〉刊出後，收到一位朋友的來電，他說他那大學畢業不久在港鐵工作的女兒囑他向我道謝，因為我說出了她及她的同事都想說，但永沒有機會被媒體轉述的話。

朋友的來電令我想起了一段大多數人已遺忘了的新聞。

一年多前最低工資快要開始實施，企業各有各準備，大家樂快餐店最初提出為配合最低工資立法而將員工用膳時間剔除工時，不計工資，招來工人組織及社會各界的猛烈抨擊，除了被責無良外，一些團體甚至提出抵制不到大家樂光顧。結果大家樂集團很快改變最初的決定，同意員工午飯的時間一樣計時薪。

很多時候我在與朋友閒聊香港媒體的慣性煽情和偏激時，便提出大家樂這例子。其實，同一件事，同一則內容的新聞，媒體可以有不同的表述和用不同的標題。同一內容，但不同的態度去表述和用不同的標題，會完全改變新聞內容的本質。以大家樂飯鐘錢這則新聞為例。描述的方式有很多，從一個極端走到另一個極端，選擇很多。以標題來說可以是：

（一）　最厚道與帶鼓勵的「大家樂從善如流」；

（二）　中性的「大家樂改變初衷」；

（三）　給 benefit of doubt 的「大家樂迷途知返」；

（四）　或嚴厲的「大家樂不敢逆民意」；

（五）　甚而斥責性質的「大家樂知錯臨崖勒馬」；

（六）　到極端刻薄的「大家樂跪低認衰」。

問題是香港的媒體會作怎樣的選擇？從河蟹到極端、從不表示態度的中間落墨到凡事刻薄指摘的另一極端，他們慣性地會選擇哪一些字眼？讓我們看看大家樂這例子。

大家樂集團改變決定後的第二天，2010 年 11 月 7 日《蘋果日報》編輯在頭版題的半版大字標題是「大家樂跪低認衰」。內文用的字眼包括記者用的「跪低」、「認衰」字眼，又引述職工盟秘書長李卓人先生用的「唔見棺材唔流眼淚」、「出陰招」字眼。同一天《東方日報》內頁報導，標題是「大家樂投降恢復飯鐘」，內文引述李卓人先生的「與民為敵」、「無好下場」字眼；但也引用了王國興先生的「迷途知返」字眼。《明報》在港聞版報導，標題是「大家樂撤『減飯鐘錢』薪照加」，內文以較長篇幅分別引述大家樂集團及工會的立場看法，沒有轉述煽情的用詞。

雖然大家都口說鼓勵企業良心、勞資和諧，但不難看到了煽情文字媒體的筆端、或到了面向鏡頭便亢奮的政客口裏，結果毫無例外地必然是把一件原來可以是中性的新聞，變成煽情及把已緩和的矛盾重新激化。記憶中，好像自從那一次開始，文字媒體對一些官員、公共機構或商業機構因公眾反對而改變決定，或因公眾指正而道歉的事情，便很多時候用「跪低」字眼為新聞標題。

我嘗試在網上一個文字媒體的新聞網搜索，在大家樂飯鐘事件後一年多，這媒體單在港聞及評論文章中用「跪低」一詞的已超過60篇，包括有：

（一）　財政司長曾俊華先生「跪低」改 6 000 元存強積金戶口為直接派錢；

（二）　教育局逼減班，九龍華仁就一早「跪低」；

（三）　發展局長林鄭月娥女士向新界原居民「跪低」提優惠措施鼓勵原居民拆僭建；

（四）　替補方案進行政府被迫「跪低」，宣佈押後原定立法時間以進行兩個月的諮詢；

（五）　《公平競爭條例》草案，政府「跪低」同意內容大幅讓步；

（六）　教科書商不減價，當局束手「跪低」；

（七）　中電向民意「跪低」，宣佈平均淨電價加幅由 9.2% 微調至 7.4%；

（八）　教育局副局長陳維安先生「跪低」，同意大學至少 4 學年不加費；

（九）　梁振英為入閘選特首爭提名票向工聯會「跪低」；

（十）　梁振英政府「跪低」押後架構重組。

除了宗教信仰的禮儀外，人甚麼時候才會「跪低」？最容易記起的是封建時代被強推下跪在惡吏或專制皇帝面前，又或者老一輩說的共產黨要地主、資本家和反革命分子向暴民下跪。開口閉口說叫別人「跪低」，除了是不文明和沒有必要的敵視和凌辱外，還可以宣揚甚麼？對不起，用「跪低」來形容政府政策或公

營、私營機構決策的改變，不是專業的新聞報導，而是媒體或記者早有了自己立場而向公眾發放的政治宣傳。

同樣地，每天在新聞報導中不斷用「狼」或「豬」來稱呼政治人物，或不斷在新聞報導中稱某人為「貪X」、「X漢奸」是對別人的侮辱，不是專業的新聞報導。

了解到這一點，我想市民不難明白為甚麼香港社會會有目前這種甚麼事都吵吵鬧鬧的現象。從媒體到政客，都不再持平評論或討論，只競相出位，語不驚人死不休，故意選擇最煽情極端和侮辱的用詞來突顯自己的政治立場，因而出現了這種很小的事無情也無限地被推波助瀾激化矛盾。

也因如此，香港社會開始喪失了那種我們曾經擁有的中庸、厚道和包容，任何不同意見都如失控列車般向極端方向走。別的不說，以民主黨為例，馮煒光先生身為民主黨員申請加入梁振英政府當局長／副局長，違反了民主黨領導層決定民主黨員不加入梁振英政府的立場；這事發生了，民主黨處理的方式有很多種，可以遊說馮煒光先生，即使遊說不成或遊說沒有結果，向公眾表述的方式也有很多種，可以是「深表遺憾」、「不能接受」甚而「予以譴責」。然而，馮煒光先生究竟犯了甚麼錯，竟因這人各有志的小事一樁，被民主黨公開侮辱為「賣黨求榮」？這是政黨已慣性被譁眾取寵媒體牽着鼻子走極端路線，以突顯自己的政治立場，對待不同意見不同取態的，即使是同路人，也毫不留情以最刻薄言詞，無理攻擊別人人格的例子。

香港社會不是這樣的。

對同一課題我與你看法不一樣，你可以批評我錯，怎樣嚴屬

都可以，但你不能攻擊我的人格；假若我錯了，我可以認錯，但別叫我「跪低」，那是封建時代惡吏與專制皇帝和現代暴民政治的做法。

我們的媒體、學者和評論員常常驕傲地說香港社會是公民社會，但事實是簡單的不同判斷、不同意見，不同政治取向，即使在最理性的民主派也被激化為敵我矛盾、也被上綱上線地進行人格的判斷和侮辱。試想想沉默的一羣，面對政客與媒體這種霸道和一點情面也不保留的指斥和侮辱，持有不同意見的人還會作聲嗎？

香港社會不應該是這樣的。

假若我是一位沒有太多人附和的智者，為甚麼我還要公開說一些明知道會被別人羣起攻擊的說話？

結果是很多人不敢再公開表達與這些政客與媒體不同的意見，因為他們知道他們的另類意見，會被掌握了媒體喉舌的人以最辛辣刻薄的言詞攻擊。慢慢地，誠實地持有不同意見的人變得噤若寒蟬以明哲保身，社會變成了只有一種聲音。我不知道這是不是媒體霸權，我只知道 Something is very wrong here，似乎我們的社會只剩下吵鬧而再沒有講道理和辯論的空間。維園涼亭內要說話的，被涼亭外不喜歡聽的維園阿伯和維園阿哥大吵大鬧而不能將要說的話說出，一些本來有話要說的，乾脆不再踏足維園涼亭，這便是今天香港社會這種只有吵鬧沒有說理的縮影。

最近與兩位法律界資深的律師午飯，談及國民教育的風波。一位律師說政府必然硬推，反對者也必然激烈反對到底，恐怕香港會暴動。另一位比較樂觀，說香港人哪有那麼容易被洗腦。

說起洗腦，我想起名着《動物農莊》（*Animal Farm*）作者，在 2008 年被《泰晤士報》評為二次世界大戰後排名第二位的英國最偉大作家的 George Orwell，他在 1948 年寫的那本預測 1984 年時會是怎樣的《一九八四》（*Nineteen Eighty-four*）。我想當今最出位的立法會議員、媒體編輯和評論員也必然在他們學生時代看過《一九八四》這本書。《一九八四》說的便是我們所使用的語言文字主導了我們的思想。《一九八四》書中獨裁統治無處不在的老大哥，規定人民使用他指定規限了人民思想的新創語句和文字（newspeak 新語），以這些新創語句和文字引導和主導了人民的思想方向與思維方式，從而進行思想控制。

　　德育及國民教育是洗腦，通過灌輸引導和主導學生的思想與思維方式，So they say。那麼，那些每天不斷從文字媒體、聲音媒體評論員和政客口裏放出灌輸給年輕一代早已有了立場的刻薄煽情和凌辱別人的語句和文字，又會怎樣引導和主導年輕人的思想方向與思維方式？

（原文發表於 2012 年 8 月 17 日）

# 究竟是誰在洗誰的腦了？

　　8 月下旬時一次午飯時間，在路上遇上培苗行動的負責人曹讓律師。他說培苗行動對國內廣西、青海和甘肅偏遠貧困地區高中生學費宿費資助計劃，今年在找贊助人的工作上，遇上了很大的困難。在今年新擬資助的 1 000 名升高一的家境特困優異生中，在我遇見他時離開學還不夠 10 天，卻仍有 419 位學生還沒有找到贊助人。每年 8 月初，香港培苗行動均會有一個週年聚餐活動，將擬受助學生名單由出席的贊助人挑選。去年的週年聚餐還沒有完結時，所有的學生已獲贊助人挑選了。曹讓律師說不知道是不是因為近期香港的德育及國民教育被指為洗腦國民教育的原因，很明顯今年出席培苗週年晚宴的贊助人態度比去年冷淡，沒有如去年般熱情與內地來的學生代表熱烈交流。彷彿他們感覺所贊助的，便是這些在內地接受洗腦教育的貧困學生而感到不安。

　　從德育及國民教育一開始便被標籤為「洗腦國民教育」這事，可以看出人們對某一些事情的 perception，影響到人們在其他方面的看法和行為。

　　特區政府為了拆解這一股由家長、學生及媒體發起反對德育及國民教育科的浪潮，成立了一個由行政會議成員胡紅玉女士領

導的「開展德育及國民教育科委員會」，並邀請反對設立德育及國民教育科的團體加入。但包括學民思潮及國民教育家長關注組在內的主要反對團體均拒絕加入，並以要求政府撤科作為與政府開展討論的前提條件。

在德育及國民教育科這事上政府與反對者的對峙，又是另一項近年來羣眾運動務必去盡、務求對手不「跪低」不罷休的另一個例子。為甚麼會這樣？因為近年來社會議題上不同意見和看法已毫無例外地第一時間通過媒體的推波助瀾被激化為非要對方「跪低」不可的矛盾。

如果從德育及國民教育科的爭論來看，源於課程某些教材中出現極大問題，但帶頭反對成科的一位家長代表在一個多月前最早階段時，竟然公開說過沒有看過 30 多頁的資料，卻第一時間把問題上綱上線，把德育及國民教育科標籤為「洗腦國民教育」。然後通過為了選票的政客，譁眾取寵的媒體十次、百次千次的複述，「德育及國民教育科」便變成了「洗腦國民教育」科了。過程中，我想問：有多少人真正認真地認識整件事情的來龍去脈？有多少根本沒有真正的看了足夠的材料，便跳出來叫反「洗腦國民教育」的？

過去一個多月，媒體一面倒的報導反對德育及國民教育科的觀點，與這些反對者不同的另類意見，一說出來便被圍攻。媒體報導中，除了被圍攻的新聞外，有哪一個媒體曾認真的報導另類意見？負責推行德育及國民教育科的官員，除了毫無道理地被個別媒體濫用「無恥」等人身攻擊的字眼指斥外，他們希望說的道理沒有機會被完整地被報導。我不知道德育及國民教育科是否是

洗腦科，我看到的只是媒體一面倒說它是洗腦科並以最極端煽情人身攻擊的言詞指斥。我看不到客觀地報導另一方的觀點。除了要為對話設置前提，除了說要罷課，我看不到理性的辯論。而更恐怖的是，任何提出與這些反對者不同觀點的人，都會被圍攻、指摘、人身攻擊和侮辱。舉個例說，就看看新聞看到的，九龍西一位立法會候選人在論壇中說了一句「郁啲就罷課，非常危險」，便已經被那些標榜捍衛言論自由的所謂民主黨派人士圍攻，甚而指斥九龍西這位立法會候選人「實屬無恥」。

別說這位候選人根本連完整平靜地說出觀點的機會也沒有，她說那句「郁啲就罷課，非常危險」是一般家長正常不過的憂慮，在那些標榜捍衛言論自由的所謂民主黨派人士心中竟然會是「實屬無恥」的言論而受不文明的圍攻不讓她再說。媒體也一面倒的只報導罵她「無恥」一方的觀點，是非顛倒如此，我們還有民智嗎？

這是怎麼樣的媒體文化？

香港還算是公民社會嗎？

我想問究竟誰被洗腦了？究竟是誰在洗誰的腦了？

公民社會的要素是理性討論。看看那些每天動輒罵官員「無恥」的政客和評論員，每天叫政府「跪低」的媒體，這是理性討論嗎？公民社會的要素是我不同意你的看法，但可以與你理性辯論。但看看那些反對團體處處設置前提要求：你有別的代表在場我不與你討論，你說的我不愛聽我立刻離場，你不先撤科我不討論。簡單來說，就是不達他們自己設置的前提要求便拒絕討論，這是公民社會中的理性辯論嗎？

被緬甸獨裁軍政府軟禁了 15 年的緬甸民主運動領袖昂山素姬女士領導的緬甸全國民主聯盟，在今年 4 月的國會補選的 45 席中贏了 43 席。為了進入緬甸國會下議院成為議員，就職議員誓辭規定議員必須宣誓「捍衛」緬甸憲法。但昂山素姬及她領導的全國民主聯盟反對的便是這部保證在國會 664 席中給予軍政府 25% 議席和主導軍政府組成權力的憲法，她被軟禁了 15 年便是因為反對這樣的一部憲法，她和她的 42 位戰友如何可以宣誓「捍衛」這樣的一部憲法？

然而，在 2012 年 5 月 12 日昂山素姬及其他 42 位當選的反對派候任議員，按規定「捍衛」憲法的誓辭，宣誓進入緬甸國會。昂山素姬及她多年來共同反對軍政府的戰友認為，他們宣誓進入建制可以做到的遠比單為維持原則而杯葛不加入建制為多。

昂山素姬宣誓「捍衛」一部她畢生反對，並為之而被軟禁了 15 年的軍政府獨裁憲法，但沒有人會懷疑她及她那 42 位盟友對民主、自由和反獨裁原則的堅定立場。因為，她從來便沒有為了議會的席位或其他個人的名利而放棄立場。

香港的政治人物特別是那些為討好選民而行為乖張、語不驚人死不休的政客怎樣了？他們有昂山素姬女士的胸襟嗎？

政治不單是公開、理性、尋求所有可能的辯論過程，政治也是理性與和平地解決爭論的妥協藝術。當然，在香港，激進的反對者永遠可以說，在缺乏真正民主的制度中，反對者沒有妥協的餘地。

但看看與獨裁政權鬥爭了大半生的昂山素姬女士，她大半生堅持不屈，然而正正是在缺乏真正民主的制度中，只要是對人民

有利的，她會毫不猶豫地妥協。

在香港那些近幾年來如刁民般每天在吵吵鬧鬧，令香港內耗不已的政客、媒體評論員，你們有這樣的胸襟嗎？

任何本來中性可辯論的議題到了你們口邊，很快便被煽情口號式的標籤了，哪裏還有理性的、說理的討論的空間？任何本來中性可辯論的議題到了你們口邊，持與你們不同意見的人，是政府官員也好、別的政黨的人也好，甚而是自己政黨的人如狄志遠先生般也好，只要是持不同意見的，都毫無例外地被你們以煽情的字眼辱罵。一個只有十多歲的學生在論壇中不明所以地隨便辱罵官員「無恥」，在場的成年人熱烈鼓掌鼓勵，媒體叫好。這究竟是對這學生怎麼樣的教育？這究竟是對看這新聞的千千萬萬學生灌輸怎麼樣的教育？

究竟是誰在洗誰的腦了？

## 後記

今年培苗行動的週年聚餐我沒有留畢全場，只匆匆選了五位甘肅省的學生贊助便走了。但我還記得去年的聚餐中一位獲安排從內地來參加聚餐的成績優異受助女學生說，當年因為家境貧困，九年免費教育完了後，雖然考進了高中父母也沒能力供她讀下去，她離家到了城裏打工，想這一輩子便這樣了。結果在工廠中接到學校來的電話告訴她培苗行動給她的幫助，使她重回校園完成高中，最終考進了大學。

已是 9 月開課的時間了，那 400 多位還在等待贊助的成績優

異貧困農村初中畢業學生，他們當中最終會有多少人的人生下一站將會是城裏的工廠？

（原文發表於 2012 年 9 月 3 日）

篇後記：

2012 年時《明報》刊登的文章同步在雅虎新聞網發表，這篇文章在雅虎新聞網發表後，連續七天瀏覽榜排行第一；對這篇文章贊同的留言達 2 000 條，在評論文章有這樣的瀏覽與留言量當時來說是絕無僅有的紀錄。其實理由很簡單：很多人仍未察覺，在那時開始，香港已進入泛民反對派掌握了話語權、其他人噤若寒蟬的一言堂時代。在反國教風暴爆發前夕，像我這篇文章的觀點已絕無僅有，因此，持與我觀點相近的只能集中在這篇文章找到相近觀點留言表達意見。

# 我早已把我的收音機砸掉了

立法會選舉後，有心人說希望我也寫寫立法會選舉。我欣然答應，但我不是評論員，我只能從主觀及親身經歷和認知的角度去看。

人們都說泛民在立法會選舉中落敗。作為民主黨人，我覺得與其說泛民落敗，不如說民主黨落敗。而民主黨落敗，因素很多，過度冒進（如新界東新界西錯判形勢，過分樂觀地分成多隊）固然是敗因，更大的敗因是路線模糊。

3月份特首選舉完結後，唐營的夏詠援小姐與我通電話，說笑的說當時我的一篇文章有關她的描述誤導了讀者，要罰我請吃一頓飯，然後我們談今年的立法會選舉，我們都同意民主派選情不樂觀，我說泛民建制的六四佔比率已成過去，我說我的判斷是民主派很可能總票數不過半。夏詠援不同意，說與我打賭，若民主派總票數不過半的話便請我吃飯，否則我請她吃飯。立法會選舉結果出來了，結果是我要請她吃飯。

幾個月前我對民主建制立會對決，判斷對民主派不利的主因是，我觀察到的是過去幾年建制派特別是民建聯成功年輕化，更不斷發展和壯大，而民主派卻停留在因路線的爭論而激化的年輕激進民主派抬頭，唯我獨尊地不斷攻擊奉行溫和路線的人；溫

和但老化民主派人，特別是民主黨，在被激進人士持續不斷的猛烈攻擊下，不但沒有努力突顯溫和理性路線，反而漸漸地進退失據，守不住溫和理性路線，被激進力量牽着鼻子走，鸚鵡學舌地跟着激進力量提高嗓子，在選民心目中，開始形象模糊。

在 7 月尾 8 月初時，我曾向民主黨中央委員會寫信，信中我說在反對國民教育事件上，言詞激烈、站得最前的政黨不是人民力量，而是被認為是最理性溫和的一羣。理由很簡單，黃毓民先生、陳偉業先生很清晰知道自己的定位，他們不用說甚麼，選民都知道他們的立場。而民主黨呢，卻需要在選舉期間不斷提醒選民民主黨的激進立場。但「事實是民主黨的姿態無論如何激進，仍依舊當街被民主流氓辱罵，理性的支持者卻一個個離去，這是民主黨的悲哀。」我在信中這樣說。

8 月底，我與為九龍東的胡志偉助選的民主黨紀律委員會主席麥海華先生通電郵，他說被激進人士奪去議題，民主黨的理性務實立場不能突顯出去，使選舉工程十分困難，我認為麥海華所說的正正便是民主黨的困境和失敗的主因。理由很簡單，喜歡激進的選民會有更好的選擇，而理性溫和地堅定追求民主的選民，為甚麼仍然要選擇跟着激進人士一同叫囂的民主黨？

蔡子強先生在他的分析中指出，泛民在這次立會選舉中得票只佔 55%，不單六四定律被徹底打破，而且是自 2000 年選舉泛民得票 57% 以來的新低。蔡子強先生認為，假若不是因為反國民教育行動於立會選舉同時發生而多了 protest votes 的「及時雨」，「溝淡」了建制派的票源，民主派可能輸得更慘。真的，我想對夏詠援小姐說，可能要請吃飯的是她。

立法會選舉的結果顯示了泛民面臨路線的抉擇，激進力量抬頭是不能改變的事實，但如何把目前製造爭拗內鬥多於推動進步的激進力量轉化為積極的進步力量，將是泛民嚴峻的課題，就如《明報》社論所說，「在新一屆立法會，民主派有責任營造一個理性議事空間，使市民認識到立法會為市民和香港辦事，而非一個吵鬧、謾罵、嚎叫的場所」。

　　但我想，要我們的社會不要吵鬧、謾罵、嚎叫又談何容易？

　　寫這篇文章時是立法會選舉後的第三天，那天早上坐專線小巴上班，小巴司機播放電台兩位評論員的對談節目，女評論員評論剛完成的立法會選舉，稱讚一人一票的功能組別中法律界、社福界等均選出了民主派候選人，然後很鄙視的問一些一人一票的功能界別為甚麼卻選了建制派候選人，她很鄙視的問那些一人一票功能界別如醫生、工程界等羞不羞恥。對談的男評論員說這些界別的選民可能是為了穩定吧，女評論員反駁（大概是這樣）說：「佢哋唔係求穩定，佢哋求錢啫。」

　　這便是我們這些每天在鼓吹民主的評論員的胸襟。我不喜歡的劉江華先生落敗後也很有風度的說尊重選民的選擇。而我們這些唯我民主的評論員在說甚麼呢？不選擇你支持的人便是市儈搵錢、不理民主的人？這樣公然侮辱與你選擇不同的選民，連基本尊重選民選擇的胸襟也沒有的人，配得上談民主嗎？別忘記，一人一票選舉的結果是大多數人正當而神聖的抉擇，卻在這早上被公然侮辱。然而，隨便隨口而出公然侮辱大多數人正當而神聖的抉擇的人，卻正正是掌握控制了媒體喉舌的人。那些在立法會選舉中只因與這位評論員選擇不同而被她公然鄙視與侮辱的沉默大

多數醫生們、工程師們，你奈她何嗎？

那天早上聽了這一段對話，我有一點氣，午飯時對我的朋友說，如果那時有收音機在手上，真的想把收音機砸掉。我的朋友對我說「我早已把我的收音機砸掉了」。

（原文發表於 2012 年 9 月 14 日）

篇後記：

寫這篇文章時我仍希望厚道地對所指的女評論員姑隱其名，但一年多後這位信口開河名嘴服務的電台，最終也對不專業的傳媒人展示了立場。見〈李慧玲事件 —— 除了政治還有專業〉。

# 今夜，究竟會有甚麼人
# 去踩甚麼人的場

參加為慶祝港大學生會百週年的晚宴聚會，並不愉快。

一些說要為一個被現屆學生會解僱的老員工「討回公道」的學生及畢業生「踩場」，在整個晚宴過程中滋擾吵鬧，甚而圍着專為向服務學生會超過 40 年的呂君發先生致敬而設的貴賓席，拿着大聲公要與現屆學生會會長對質。在場除了 1960 年代的舊生黃宏發先生當場直斥這種行為和 1980 年代畢業的馮煒光先生說這是暴民政治外，雖然大部分人對這班流氓般行為的大學生或大學畢業生的舉措不以為然，卻沒有人有任何表示。最後由 1977 年畢業的馮宜亮醫生出言相勸，這些「踩場」學生才同意暫時停止吵鬧，但仍堅持要正在參與晚宴招待客人的現任會長半小時內與他們對話。然後整個晚上便是拿着示威橫額纏着現任會長走。

我想，在我們那年代的年輕學生，論熱血比他們有過之而無不及，但像這樣 totally undignified 的示威是從來沒有過的。似乎「踩場」便是當今社會的風氣。只要我不同意你、只要我反對你，便不管你在出席甚麼場合，即使是與我的訴求、與我跟你的恩怨完全無關的場合，我也有權「踩場」；令你坐立不安、令你的賓

客坐立不安、令希望聽你說話的人坐立不安。

肢體上的「踩場」是衝擊針對目標人物辦 function 的場所，甚而不是目標人物辦的 function，只要目標人物出現，便不顧別人的權利，照踩可也。

言語上的「踩場」便是如特首梁振英先生在電台、電視台講施政報告、講未來一年、未來五年的治港政策和理念；在應該嚴肅地專注討論關乎香港未來的政策與理念、讓公眾可以獲得更多客觀資訊的場合，那些記者、評論員不探討治港政策和理念，仍然照踩僭建、照踩誠信，總之就是照踩可也。

我鄙視這種另類閉塞民智的博宣傳，我更鄙視的是推動和助長這種風氣的政客和媒體。

港大學生會百週年晚會的第二天，《明報》網上港聞版怎樣報導？標題是「港大舊生踩場討公道百週年慶為員工出頭」。整篇 400 字的報導用了超過 350 字報導「踩場」及「踩場」的相關消息，有關學生會百週年晚會，不着邊際地用了不夠 60 字。

這便是我們每天面對的媒體：選擇性報導、有立場、不專業和只有評論而沒有新聞。

我曾經是《蘋果日報》的擁躉，但幾年前開始不再買，甚而不再買任何報紙，只訂閱了《明報》的網上版和間中接一些免費報紙，否則便不再看報。

我曾經對一位律師朋友說，香港的報紙沒有新聞，只有評論。我舉一個例子說。去年 9 月 15 日早上我和太太到數碼港外的大草坪散步，在路上撿到一頁別人棄掉的《蘋果日報》，有一篇報導應該是前一天晚上電視報導過有關梁振英先生當選特首後

第一次與廣東省省委書記汪洋先生見面的報導。這篇報導在報紙中的標題是「汪洋夾硬挺梁振英」，內文 500 字絕大部分是一大堆執筆記者的主觀評論和揣測，文章末段只用了約 70 字報導港府與廣東簽了的協議。究竟梁振英先生在與汪洋先生見面談過港粵間甚麼問題、可以有甚麼合作等等，一概欠奉。這是新聞報導嗎？這是專業的新聞報導嗎？這只是另一篇短評文章而已。

而每天，香港各大報章充斥着的都是這些只有立場的評論文章，沒有新聞報導。

這些例子隨手撿來，到處都是。就看看最新鮮的例子。同樣是 1 月 19 日《明報》港聞版的報導。報導內文提了一句加了引號的資訊，報導說唐英年先生就梁振英先生的施政報告說「任何政策同建議，只要對香港好都會支持，但最緊要係如何執行同落實」。那是很中性的幾句話。而《明報》那篇報導怎樣處理這句說話？《明報》港聞版的標題說「談施政報告 唐唐厚道」，內文引述唐英年先生這句話時這樣寫道：

「唐唐都算好厚道，佢話『任何政策同建議，只要對香港好都會支持，但最緊要係如何執行同落實』。」

這是專業的客觀新聞報導抑或是已包含了執筆記者對一位講者主觀評論的點評？由讀者判斷。記者報導引述別人說話的新聞前加上自己的看法和態度，還算不算是專業的新聞報導，我希望新聞界自己討論。但至少，對於我來說，我早已拒絕接受媒體提供這種意圖代我思考和判斷的資訊。

我也不希望我的孩子接受這種別人代他們思考和判斷的資訊。

而這種充滿加了料的雜質資訊，每天在各大報章、電台正在大量密集地流通和不間斷地向廣大市民轟炸。

能不能新聞報導歸新聞報導、評論文章歸評論文章？

大多數人都渴望看沒有加了主觀意見的新聞報導，很多人不喜歡看評論文章。諸位無冕皇帝、新聞版的主編們，別強迫我在看新聞時也要看你的態度、立場和評論。別代我思考，我只想看新聞、獲得資訊，由我自己過濾和思考。

我又曾經對我的朋友說過，早上兩小時和黃昏兩小時最多人聽電台節目的時段，每小時只有兩到三分鐘是真正沒有加上任何主觀意見的新聞報導，其餘兩小時便是那些評論員和嘉賓政客，以他們的主觀意見、立場、演繹詮釋新聞，不斷轟炸聽眾的時間。

那是完全不成比例的，也是因為這種不成比例的轟炸，使社會形成了一面倒的風氣。元旦遊行，社區組織協會沒有參與，商業電台《左右大局》主持人打電話給社區組織協會的幹事施麗珊小姐，批評社區組織協會不參與元旦遊行。

這是甚麼世界？遊行與不遊行是每一個人的自由和權利，遊行與否，為甚麼遊行？為甚麼不遊行？要向電台主持人評論員交代嗎？香港為甚麼會淪落至此？

個別號稱崇尚民主的評論員便正正是批評選了非泛民候選人為立法會議員的醫生和工程師為「為錢」的人。反正，你與他／她不同意見，如社區組織協會一樣，他／她們認為你有責任向他／她交代。就如社協施小姐說：「唔知點解香港變到咁。你哋簡直係政治迫害、白色恐怖、迫害街坊。」

如港大的「踩場」學生一樣，社協你不跟他／她們步伐一致

嗎？他／她們便有權打電話給你、踩你的場。更恐怖的是他／她們手握媒體，厚道的不理你或只批評你，已算對你非常寬大；不厚道的隨時可以不留情地攻擊你，你奈他／她們何嗎？

也因如此，我可以理解為甚麼梁振英政府要動用公帑買媒體的版位和 air time 去宣傳政府政策。因為在香港的主流媒體中，除了《文匯報》和《大公報》，已沒有了政府可以不被打斷、或不被加上雜音而能完整原汁原味地發言的空間。

那又使我想起國內文革時，高舉革命旗幟的造反派不容許他們所謂的「反革命」說話，就是因為判定對方是「反革命」，文革時「反革命」是連說話的權利也沒有的。今天的香港，部分掌控媒體公器的人的做法，與那時代中國的造反派，何其相似，只是換了位置。

42 年前，十多個為爭取中文成為法定語文的年輕人在中環示威，被殖民地政府拘捕落案起訴，帶到銅鑼灣裁判署提堂。提堂那天早上，冷清清的銅鑼灣裁判署門外，只有我和五位英皇書院同讀中四的同學穿着校服從學校跑出來，到銅鑼灣裁判署門外示威，為抗議殖民地政府對他們的不公鎮壓而發出微弱的呼喚。

今年，特首梁振英先生 1 月 16 日在立法會宣讀他的施政報告，立法會大樓並不冷清。鬧哄哄的立法會大樓門外，是鬧哄哄的示威人羣，主題不是施政政策，而是他個人。支持者與反對者各舉牌示威，吵鬧不已的不是政策的爭論，而是已經吵了半年梁先生個人的榮辱去留。大多數人都在捨本逐末吵鬧不已的時候，令我感動不已的是幾位現在於英皇書院讀中三的學弟拿着 A4 紙，自己手寫着「撐振英也好、反振英也好、大家都要為香港好」

的標語，默默地站在立法會大樓門外發出微弱的呼喚。

每天在高聲疾呼的政客、每天在不斷轟炸聽眾的評論員、每天在以評論而不是以資訊餵我們的文字記者和編輯，他們看不到、聽不到這微弱的呼喚。

他們着意的是在今夜，究竟會有甚麼人去踩甚麼人的場。

（原文發表於 2013 年 1 月 22 日）

篇後記：

這篇文章刊出後，之前我不認識的港大學長紀文鳳小姐通過港大徐穎璇找到我的電話號碼打電話給我，説我的文章令她覺得有必要組織社會上發出正能量聲音的人，抗衡媒體與意見領袖一言堂「踩場」與攻擊不同意見人士的歪風。在這之前，我一直以為像我那樣觀點的人很少，通過紀小姐我開始從窩藏一角的小窩走出來，認識了更多與我觀點相同的人，第一次發現了吾道不孤。

# 地產經紀有權向公眾
# 推銷投資產品嗎？

　　政府推出新一輪的冷卻樓市措施，把對象從住宅物業擴展到非住宅物業。雖然政府推出一系列新的冷卻樓市措施，必然經長時間研究、醞釀和制訂，並非為針對「雍澄軒」酒店房熱賣而推出，但較合理的推想，應該是這些冷卻措施本是在財政司長曾俊華先生宣讀下年度財政預算才公佈，現在急急提早一個多星期公佈，並即時執行，相信與「雍澄軒」的突然推出和熱賣不無關係。

　　事實上，自特區新政府上場，着意冷卻住宅樓市而推出一系列措施後，相當部分的住宅物業炒家投資者，已轉向非住宅物業市場，引致過去半年車位、「劏舖」熱炒。

　　那使我想起到銀行購買一些投資產品、甚至只是一些保險產品的投資者都有這樣的經驗：不論你是花十多萬元的主婦投資者、花 100 萬元的專業人士投資者，抑或是花 1 000 萬元投資的富豪，銀行負責的經理都必須錄音問你一大堆問題，再給你文件看，要你清楚明白，才給你落實投資。回頭看看花幾十萬元買那些只供屋苑住戶用的車位投資者，那些花幾百萬元買了只畫了簡單而根本未經註冊建築師批核的圖則、甚麼業權分拆證明也沒有

的「劏舖」投資者，他們在入市時唯一收到的，是收了發展商或業主豐厚地產經紀佣金的經紀唱好的資訊，而且必然是在發展商鬧哄哄的售樓處爭相怕「蝕底執輪」的氣氛下搶着入市，他們會有機會如在銀行落實投資般謹慎考慮嗎？

「雍澄軒」酒店房推出，雖然發展商再三強調是只能用作酒店，但在熱炒的情況下，當天推出當天已售清，可以想像買家簽約落訂時，根本不可能詳細閱讀發展商稱已提供給準買家閱讀的大批地契、官批與大廈公契，以至與經營酒店有關的業權文件，從而準確了解購入的到底是甚麼。

發展商在推出後再三說出售分拆酒店物業，並非出售住宅物業，政府官員也說並非住宅項目，意思明白不過，就是政府官員只知道這並非住宅項目，但無法向公眾說清楚這是甚麼類別的投資，和投資者必須注意的是甚麼。

而「雍澄軒」引出的問題，是「究竟發展商出售的酒店房間是非住宅物業抑或是投資產品」？在物業買賣中物業成交後佔有權不交給買家，只交給酒店經營者，而酒店經營者的經營權還只有幾年便到期，物業的土地業權年期卻還有幾十年。這樣的特殊買賣算不算是純物業買賣？

如果這是投資產品並非住宅項目，那便涉及另一個問題。

究竟地產經紀有沒有權向客戶或公眾推銷投資產品？

我只知道有權推銷投資產品的合資格人士受非常嚴格的規管，也須負很大的責任。法律有這樣的規定是為了保障投資者的利益。

那我們要問：究竟這些在路旁兜售拉客，遊說小市民入市購

入投資產品的地產經紀，他們收取豐厚的佣金，但法律對他們有甚麼規管？他們向投資者錯誤陳述投資產品的資料有甚麼責任？

我只知道他們不須負上作為投資顧問的責任。

向小市民推介「雍澄軒」酒店房的是地產經紀，沒有法律知識的小市民看見一個專長買賣物業的地產經紀向他推銷可以住人的物業，會詳細想這不是買住宅物業而是做投資決定嗎？

《證券及期貨條例》第 393 條說明政府可以訂明某些投資安排為「集體投資計劃」，第 393 條說明如在業務過程中提供的任何安排，其目的或作用或其佯稱的目的或作用，是使參與者能夠：

（a）以有值代價取得任何財產的任何權利、權益、所有權或利益；

（b）延遲管有該財產；及

（c）將該財產的任何權利、權益、所有權或利益轉讓或再轉讓予屬該安排的一方的人或屬該安排所提述的人便可以被定為「集體投資計劃」而必須受《證券及期貨條例》監管。

《證券及期貨條例》附表一的定義中也說明「集體投資計劃」是指：

（i）根據有關安排，參與者對所涉財產的管理並無日常控制，不論他們是否有權就上述管理獲諮詢或有權就上述管理發出指示；

（ii）根據有關安排：

（a）上述財產整體上是由營辦該安排的人或代該人管理的；

（b）參與者的供款和用以付款給他們的利潤或收益是匯集的；或

（c）上述財產整體上是由營辦該安排的人或代該人管理的，而參與者的供款和用以付款給他們的利潤或收益是匯集的；及

（iii）有關安排的目的或作用或其佯稱的目的或作用，是使參與者（不論以取得上述財產或其任何部分的任何權利、權益、所有權或利益的方式或以其他方式）能夠分享或收取

（a）聲稱從或聲稱相當可能會從上述財產或其任何部分的取得、持有、管理或處置而產生的利潤、收益或其他回報，或聲稱從或聲稱相當可能會從任何該等利潤、收益或其他回報支付的款項；或

（b）從上述財產或其任何部分的任何權利、權益、所有權或利益的取得、持有、處置或贖回而產生的，或因行使該等權利、權益、所有權或利益的任何權利而產生的，或因該等權利、權益、所有權或利益屆滿而產生的款項或其他回報。

政府說「雍澄軒」並非出售住宅物業，但它是甚麼類別的投資？政府沒說。對於這類投資，政府會如何歸類以給予適當的監管以保障小投資者的利益？政府也沒說。我不知道政府有沒有從非物業買賣投資的角度去看這類房地產物業的出售的性質，例如從「集體投資計劃」的角度進行深入的研究，而對類似的投資產品加以嚴謹的監管。否則小投資者仍會在毋須負上投資顧問責任、只講利好前景不講投資風險的地產經紀不斷吹噓下繼續瘋狂。

香港真是一個瘋狂的社會。一個主婦走進銀行買 5 萬元的債券基金投資要坐在銀行的客戶經理面前聽 15 分鐘錄音和對話、簽一大堆文件、被再三警告才落實投資決定。被人遊說做一個

500 萬元投資在新投資產品的決定時，卻甚麼專業意見也不用聽，一大疊物業業權文件放在你面前，你簽個字便算是已全看過了、都明白了。還有比這更瘋狂的嗎？

（原文發表於 2013 年 3 月 2 日《明報》）

篇後記：

「雍澄軒」酒店房推出發售時，特區政府及公民黨均只從地契條款、規劃與單位用途角度，提醒欲購買投資的市民小心，沒有考慮計劃可能受《證券及期貨條例》監管。我的文章刊出後政府才開始從《證券及期貨條例》的「集體投資計劃」角度跟進，我的文章刊出兩個月後證監會介入調查，促使發展商隨即取消所有已出售「雍澄軒」酒店房單位的交易，收回計劃。《亞洲週刊》在同月報導說我的「預言準確」。

# 佔領中環
## —— 反梁振英政府的誘人平台

近日城中就「佔領中環」這話題熱議。一位有心人建議我寫寫我的看法。

港大法律學院戴耀廷先生提出「佔領中環」，使我想起 1971 年 8 月下旬那次因為保釣而短暫的「佔領駐港美國領事館」的故事。

第一次保釣運動源於美國於 1970 年 9 月與日本協議，把釣魚島連同二次大戰時接管了的琉球羣島的管理權移交給日本，由在美國的中國留學生（基本上是台灣學生）發起。香港的學生在 1971 年初夏開始響應，運動初期，只有青年學生參加，當時最具組織動員能力的左派工會及親中組織並沒有參與，原因是當時中國正積極準備與日本建交，本地左派與親中組織不參與阻礙中日關係正常化的釣魚島問題是理所當然的。但經歷了「七七示威」，殖民地政府武力鎮壓，外籍警司以警棍把示威者打得頭破血流，並拘捕了帶領示威集會的年輕學生，這情況下，以愛國自居的左派親中團體不能不參與。因此，一個多月後的「8·13 示威」集會，左派工會及親中團體積極參與。當時我只是一個好奇的中四

學生，是一個參與者與旁觀者，不是組織者。聽當時年輕學生組織者的說法是，本地左派及親中組織參與保釣運動的目的，是要通過參與奪取運動的主導權，從而將整個運動降溫，為正進行中的中日關係正常化掃除滋擾。

是不是這樣，我不知道，但整個運動在「8・13示威」後很快冷卻下來是事實。我也不知道冷卻下來是不是與羣眾害怕強硬態度的殖民地政府的拘捕行動有關。然而，當時有人想到跑進那時沒有如今天般鐵欄高牆保衛森嚴、仍是很開放可以隨意進出的美國領事館內，面向花園道的斜坡草坪示威。那裏是美國政府管轄的地方，殖民地政府警察不能進去拉人。所以整個8月下旬我們便是天天跑進美國領事館示威，短暫的佔領美國領事館內斜坡草坪便是這樣開始了。

在佔領美國領事館內草坪那不到兩星期的時間，差不多每天都在下雨，每天會有不同的人來講不同的訴求，我們手持的仍是保釣的標語，但保釣已不再是主題；更多來向示威的年輕人宣說的反資反殖（反資本主義反殖民主義）的演講，也有反社會不公和反貧窮的。令我印象最深刻的是後來在釣魚島海域中犧牲、當時剛進入港大的陳毓祥先生在美國領事館內草坪向學生們發表的反貧窮演說。

在美領事館內，訴求是多元了，但對整個保釣運動而言，運動本身不再純潔。佔領草坪的人一天比一天減少。隨着暑假完結、學校開課，1971年夏天在香港曾經短暫狂熱的第一次保釣運動便是這樣沉寂下來。

說回「佔領中環」，我想訴求必須清晰、簡單和純潔。

1971 年的保釣運動，當時的學生領袖的說法是左派要奪取主導，從而冷卻運動本身及改變運動的方向；這在當時而言，對比較簡單的年輕學生搞手來說，是前所未見的挑戰。但今天的香港，用各種手段把別人簡單純潔訴求的運動騎劫、在別人搞的運動中抽水、踩別人搞的活動的場，這些劣質民主訴求行為已是司空見慣的現象。我擔心的也就是這些。

「佔領中環」的訴求很簡單、也很純潔：落實沒有篩選的 2017 年普選特首和 2020 年全部立法會議員一人一票普選產生。對於這樣一個簡單的純潔的訴求我會毫不猶豫地支持。然而，我恐怕的是，佔領開始，法輪功拿着橫額來了，反東北發展的團體拿着橫額來了，拿着「你呃人」標語倒梁的人來了，要求平權的同志來了，要加薪的菲傭印傭來了，各種訴求都來抽抽水，還有為了抽最大的選票水而對所有來的人都擁抱的政客。運動便會開始變質，就如我不知道是甚麼時候每年的「七一民主大遊行」變質為嘉年華式遊行一樣，把一個訴求簡單純潔的運動轉為另一次嘉年華式的集會；到 2010 年民主流氓以反民主的語言與肢體暴力行為，把「七一民主大遊行」騎劫為狙擊民主黨的遊行。

「佔領中環」運動會不會如我說那樣演變，我不知道。我知道的是在「佔領中環」站台的將會是那些慣於抽水的政客，那些立場一面倒的評論員和一些觀點單一的學者。我可以想像的是這些人站在千萬人仰視的講台上飄飄然的時候，他們肯定又拿他們固有的觀點和訴求來抽抽水了。因為，這樣的例子隨手撿來實在太多。這裏，讓我說三個。

1 月尾，一位有參與組織工會、又被駕駛學院解僱的馬姓教

車師傅，絕食抗議完了，在深井練跑時被車撞斷了腿。立法會議員何俊仁和梁國雄說事有可疑，要求警方循交通意外以外的角度進行調查。1 月 30 日早上，我坐在專線小巴上班，電台一女一男名嘴主持的時事評論節目談到事件，不單說不是單純的交通意外，更因為受害者是勞資糾紛的主角把事件的嚴重性提升，用上了「買兇」的字眼。這也不奇怪，最莫名其妙的是最後，這位一貫反梁振英的女主持人竟然在總結事件時加上了這樣一句說：「都唔知點解梁振英政府上台後就咁多呢啲嘢……」把一個她懷疑有「買兇」可能的交通意外也算到梁振英政府頭上，我當時忍不住向小巴上坐在我身旁的女士（剛巧是我女兒同學的母親）說：「嘿，又入梁振英數！」

這算不算明屈梁振英先生？離譜不離譜？

我不是「梁粉」，但有一些事，實在看不過眼。下面是另一個例子。

一位學者不久前發表了一篇寫得非常好，關於美國第 16 任總統林肯的事蹟的文章。在一次晚飯中，一位文字媒體的朋友提起這篇文章，我和這位朋友同時提到對這篇文章相同的感覺。我們都覺得這位持反梁振英立場的學者在大好文章最後，按捺不住加上一段無厘頭、不提事實根據、近乎含血噴人的抽水言論，成了這篇大好文章的一大敗筆。

這篇文章末段讚許林肯總統內戰勝利後對戰敗的南方聯邦寬大為懷，然後筆鋒一轉，這位學者在文章加上最後一段短短四句說：「看到林肯的寬大為懷，想起今天的特首，動輒把不同政見人士看作『敵我矛盾』，又怎能讓人不搖頭嘆息呢。」我想作者完

全有批評梁振英先生的自由，但同時我想作為一位學者，應該對梁振英先生公道一點，以學者實事求是的精神舉出實例和證據說明特首如何「動輒把不同政見人士看作敵我矛盾」。不然的話，那變成了另一次毫無事實根據地屈梁振英先生的口號，玷污了他自己的大好文章。

第三個例子。20 多年來一直五句訴求簡單純潔的六四燭光晚會，也開始被抽水。在去年的六四燭光晚會中，台上多年來一直廣受支持的多重身份的支聯會主席李卓人先生，也按捺不住抽水高呼「無恥」，向還未上台的梁振英政府叫陣說「梁振英，即管放馬過來！」聽他這樣說，我立刻離去。我參與是支聯會的活動，為甚麼我要讓你用立法會議員的身份來抽水？

最近翻看了 1983 年奧斯卡最佳電影《甘地傳》和英國記者 Brian Lapping 在 1985 年根據他同名記錄片系列而寫的《帝國斜陽》(*End of Empire*) 有關印度獨立的一章。可以看到 1919 年 4 月 13 日英印士兵在印度旁遮普阿姆利則鎮賈利安瓦拉廣場，槍殺了 1 000 名集會群眾（Amritsar Massacre）後，學習英國法律、對英國懷有深厚感情的聖雄甘地，不再對英國會自願給予印度自治抱有任何幻想，從而開始為了擺脫殖民統治爭取獨立的非暴力不合作運動。然而，值得留意的是，在爭取印度獨立過程中甘地所發動的每一次行動，從開始時發動抵制摧毀印度土產布料製造業的廉價英國進口紡織品，到 1930 年促成廢掉殖民政府的食鹽公賣制的 400 公里鹽隊遊行（Salt March），短期訴求和最終目標（英國人離開）都是簡單清晰的，當中不加入其他混淆了最終目標的其他訴求。也不會有其他人提出其他的訴求，而參與這些運

動的羣眾也清晰每一次運動的訴求和目標。更重要的是當甘地發現運動偏離了原來定下的目標或方向時，他會毫不猶豫地把運動終止，像 1922 年在北方邦爆發暴力事件後，甘地立即暫時取消了他的不服從運動。

今天的香港有着同樣清晰的目標，不同的是我們的目標並不是要推倒一個政府。說我的心底話，今天的香港政治生態實在太糟糕：主流媒體一面倒地有理沒理地每天批評政府，很多沒有擇善固執勇氣的學者為了怕被激進者圍攻而寧左勿右。而政客呢？永遠希望把自己的觀點強加於別人，把自己的意見說成是事實。就如民主黨主席劉慧卿把自己認為梁振英做得不好的意見，說成是「梁振英做得不好是鐵一般事實」（2 月 20 日《明報》）一樣。因此，對於戴耀廷先生準備把「佔領中環」作為長期行動的運動，能否一直保持純潔的不設篩選的一人一票普選民主訴求，我不樂觀。千萬人仰視的講台，對於那些另有目的、慣於抽水的政客與喜歡出位的評論員來說，實在是把運動騎劫作為宣傳自己另外一些想法的誘人平台。

我支持秉持純潔民主訴求的「佔領中環」，但如果有人意圖把運動騎劫為反政府或非以道理和證據說服我、而只以口號屈他們不喜歡的特首和政府的話，那對不起，就如去年的六四燭光晚會一樣，我會第一時間離開。

（原文發表於 2013 年 3 月 19 日）

# 迷失方向的貨櫃碼頭工潮

　　三年前，是 2010 年大概也是 4、5 月時候的一天下午，我在灣仔謝菲道的一間酒吧 happy hour，遇上兩個陌生人，與他們閒聊，知道他們分別是兩間著名貨運公司的高層，其中一位是和黃集團轄下物流公司的總經理。我對他們說，每天早上在數碼港外草坪散步，在 2008 年世界金融危機時，每天看見進出數碼港外東博寮海峽的貨櫃船都空空的沒堆很多貨櫃；但最近（2010 年）看，那些進出東博寮海峽的貨櫃船又是貨櫃堆得高高滿滿的，相信經濟在好轉了。那時，這兩位貨運業的高層對我說我看到的只是假像。他們說我看到的貨櫃船貨櫃堆得高高滿滿的，是因為進港的遠洋輪船班次減少了。

　　這次貨櫃碼頭工人罷工，工人說香港國際貨櫃碼頭公司（HIT）年年賺大錢卻不改善碼頭工人工作環境，任由外判商剝削工人；另一邊廂，HIT 卻說，面對鄰近地區的競爭，中轉貨物減少，經營困難。勞資雙方隔空對罵使我想起三年前兩位貨運業高層的說話，為了從數字了解情況，我到網上瀏覽有關的資料。

　　在香港港口發展局網站上找到 2013 年 4 月的《香港港口運輸統計摘要》的數據，顯示以年度計遠洋貨船抵港的數字 2005 年達到頂峰的 35 691 船次，之後開始每年逐年下降，直至 2012 年

的 28 286 船次，從 2005 年的頂峰至 2012 年下跌幅度達到 20%；而內河貨抵港的數字從 2005 年的 117 490 船次下降至 2012 年的 78 094 船次，下降幅度更達 56%。

《統計摘要》的數字顯示以年度計，從 2008 年至今本港進出口的貨櫃總吞吐量維持相若，以葵青貨櫃碼頭計算，《統計摘要》的數字顯示在頂峰的 2008 年計葵青貨櫃碼頭的貨櫃總吞吐量為 15 313 000 個標準貨櫃，2012 年的總吞吐量僅為 15 202 000 個標準貨櫃，沒有增長。這數字相對於香港鄰近地區港口同期的按年雙位數字增長，很明顯香港的貨櫃處理量增長已停滯不前，遠遠落後於上海及深圳，難怪香港貨櫃碼頭以按年處理貨櫃數量計從這世界排行第一位下降至去年的第三位，在上海及新加坡之後，而一般相信，深圳將會在 2013 年上升到第三位，把香港的排名進一步推低。

其實，前一些時期已有一些報告指出香港貨櫃車運輸業已因為內地工廠經港出口貨櫃銳減而經營困難，這與抵港內河貨船船次近幾年來大幅下降的數字是不謀而合的。在 2007 年的時候一些報告還不斷地提到興建第 10 號貨櫃碼頭的迫切性，但近一兩年，已不再聽到這類迫切的要求。貨櫃運輸業的前景怎樣，應該可以看到端倪。

在一次飯局中，有人提起西方社會中，因產業結構改變，開始式微的行業往往頻繁出現工潮，例如 1970 及 1980 年代英國的煤礦業，1980 年至 1990 年代的英國汽車工業，這些工業在消失前，工潮再三出現。有人歸咎於工會鼓動工人不斷要求加薪改善待遇，沒結果而動輒發動工人罷工，加速了這些式微行業的沒

| 年份 | 抵港遠洋輪船<br>（船次） | 抵港內河船<br>（船次） | 葵青貨櫃碼頭處理貨櫃<br>（進出口）總量<br>（千個標準櫃） |
|------|------|------|------|
| 2000 | 34 899 | 119 179 | 10 664 |
| 2001 | 34 649 | 116 191 | 10 154 |
| 2002 | 32 834 | 119 523 | 10 584 |
| 2003 | 32 779 | 119 479 | 10 625 |
| 2004 | 32 537 | 117 544 | 11 271 |
| 2005 | 35 691 | 117 490 | 12 250 |
| 2006 | 35 494 | 116 137 | 13 685 |
| 2007 | 33 463 | 108 945 | 15 083 |
| 2008 | 32 843 | 100 613 | 15 313 |
| 2009 | 30 681 | 89 750 | 12 957 |
| 2010 | 30 340 | 91 039 | 14 410 |
| 2011 | 30 124 | 84 695 | 15 072 |
| 2012 | 28 286 | 78 094 | 15 202 |

（資料來源： 2013 年 4 月《香港港口運輸統計摘要》）

落。但也有論者認為是因為產業結構的改變，某些行業增長不再，投資者對優化行業的營運（如自動化）失去積極性，使得相對其他地區的競爭者失去了競爭力，在營運量沒有大幅增長的情況下，對改善工人的待遇並不熱衷。

　　以英國 1974 年短暫的及 1984 年長達一年的兩次煤礦工人罷工為例。1973 年底英國全國礦工聯盟發動煤礦工人按章工作，由於當時英國電力供應仍以燒煤火力發電為主，煤礦工人的工業

行動迫使以希斯為首的保守黨政府在 1974 年初開始實行每週商業用電三天供電，最後煤礦工人的工業行動更迫使希斯政府提早大選，使希斯的保守黨政府在選舉中落敗倒台。然而，到了 1984 年，環境已經改變，英國電力供應已不一面倒以燒煤為主，鐵路運輸已改用燃油，家居取暖已改為天然氣或燃油，而當時市場變化使英國使用從澳洲、美國及哥倫比亞等國家進口燃煤比在英國開採更為便宜，加上戴卓爾夫人有備而戰，早儲存了大量燃煤與罷工的煤礦工人打持久戰，結果一年後煤礦工人的罷工以失敗告終，而在 1990 年代更開始了英國煤礦的大量關閉。

在這次碼頭工人的工潮中，HIT 那種愛理不理的態度，也許正是提醒貨櫃碼頭工人們，關注究竟這行業在香港是否正在開始走下坡，這對於他們要採取的策略有很重要的啟示。

工人要求改善工作條件及待遇是天經地義的事，我在 YouTube 看過一些外國碼頭的 Quay Crane 的操作，那些幾十米高的吊機操作室，很多是有升降機送吊機手上去，而且有一些更在高台上附有廁所的，我不知道是甚麼原因號稱世界第一的香港貨櫃碼頭沒有這些設施，是不是為了減省成本、抑或為了其他原因而沒有安裝這些便於長期在控制艙工作員工的設備，也許 HIT 早應出來作一些說明。

在工人而言，我想在具體地提出要求的時候，也有必要全盤地看一些客觀的數據，以衡量提出的具體要求是否符合行業的經營狀況。在電視新聞看到，罷工剛開始時，工運的領導者提出加薪超過 20% 的要求，不斷反覆公開宣稱他們計算 HIT 因他們罷工行動會蒙受每天以百萬計的短期損失，而樂觀地希望對方會

認真考慮他們提出的要求，這顯然是一廂情願的看法。到了因為 HIT 的強硬不妥協態度，使工潮進入了膠着狀態，代表罷工工人的工會的策略改為對李氏家族的人身攻擊，這已完全偏離了務實地以改善工人待遇為目的的工業行動訴求。

和記黃埔港口集團總經理馬德富先生在《明報》撰文，指出香港貨櫃碼頭前景的一個關鍵點是中轉貨物業非必須經過香港的。內河船抵港船次從 2005 年至今下降了 56%，正正是反映了這說法的真確性。無視理性的探討，不對行業的情況作宏觀的了解，而開天殺價地提出並再三堅持對方沒有可能接納的加薪幅度，錯失提早解決工潮的時機，並不是務實的做法。

每天上班，我都會經過長江中心，罷工工人進駐長江中心門外示威的起初幾天，除了掛出要求集體談判權的標語外，也掛滿了紅色的橫額標語，其中正中的兩幅分別是「階級鬥爭」和「全世界勞動者聯合起來」。這兩幅中國內地文化大革命時才出現的標語掛了幾天便被除了下來不再出現，但標語短短掛了幾天，已使一些人對職工盟究竟介入潮的動機是在協助工人爭取權益，抑或在借機搞政治運動產生懷疑，也給了 HIT 連日發表文章借「階級鬥爭」這詞對職工盟及李卓人先生進行強烈反擊的口實。

從這次工潮中，我再次為香港的政客感到悲哀，總是企圖把每一次的有實質訴求的社會糾紛上綱上線轉化為全民政治運動，把勞資糾紛上綱為「階級鬥爭」，把示威闖出馬路阻塞交通被法庭定罪非法集結上綱為「政治檢控」。

工人需要的是務實地爭取加薪、爭取改善工作環境，不是階級鬥爭。

舉個例說，碼頭吊機的升降機和吊機上的附設廁所，我想這些外國碼頭的先進設施，工會是應該知道的；而比較奇怪的是，工業行動持續了那麼久，沒有聽過代表工人的工會提出這方面的具體解決方案要求，反而聽得更多的是針對 HIT 的高層和李氏家族的人身攻擊。

　　其實，每一次工潮總會有一些政客希望借工潮來推動一些如集體談判權、仇富和階級鬥爭的宏觀政治訴求，他們對推動宏觀政治訴求比真正解決工人眼前的訴求更有興趣；問題是肩負眾多工人福祉的工會，不能讓這些宏觀政治訴求使他們忘記了最終還是要務實地解決工人們當前的問題。

　　甚麼時候政客們才能成熟一點：多反省自己的行為，以行動務實地解決工人的問題；而不是捨本逐末地借所有的機會來推銷他們的政治取向，卻忘卻最重要的還是專注工人的訴求。也讓年輕人、少年人學會成熟些去看問題，而非不經思考地推出一大堆人身攻擊、製造矛盾而無助解決問題的政治口號。

　　幾個貨櫃碼頭外判商在罷工 37 天後單方面提出了所有工種加薪 9.8%，並表明不會重返談判桌。職工盟秘書長李卓人先生批評，工會一直要求加幅達雙位數，意味與現時加薪最少只相差 0.2 個百分點，明顯是資方「要落工會面」。

　　工會一方面一直認為外判商只是棋子、李氏父子控制的集團應該是談判對手，另一方面卻每天在人家總部外高掛李氏父子吸血鬼的頭像。在監督政府和公營部門運作的大旗下，政客對政府官員和公營部門的負責人可以隨便有理無理的責罵，政府官員和公營部門的負責人無論怎樣被政客如惡霸般謾罵仍得硬着頭皮應

對。但不是政府官員和公營部門的負責人，被你侮辱後還需要給你面子嗎？

始作俑者不留情面以這種毫不理性的「落人家面」的行動來謾罵人，現在卻因人家不按你的要求底線加薪便批評人家「要落工會面」。這是幼稚無知還是慣性的政客惡霸思維，使他們忘記了一直在被他們侮辱的不是要被他們監督的政府官員和公營部門負責人，而是他們希望最終要與之坐下來談的談判對手？

罷工開始到近期，仍不斷為談判設前提條件，到原來願意談判的對手表示不會再返回談判桌時才高呼「談判、談判」。

這真是一次因沒有專注主題而迷失了方向的工業行動。

## 後記

文稿送出後，電視新聞報導說工會最終接納了外判商提出的9.8%。這是外判商拒絕再談形勢下就加薪方案工會的唯一選擇。接下來的也許應是暫時放下政治口號，務實的專注爭取改善工作環境與工作安排的訴求。

（原文發表於 2013 年 5 月 8 日）

篇後記：

這篇文章刊出後，學者關焯照先生發文回應指我引述的數據沒有反映 2008 年金融海嘯後貨櫃處理量大跌及中國加入世貿後的香港貨櫃業的逆流而上增長，而不同意我的貨

櫃業萎縮說法。今天再回看，數字顯示香港貨櫃碼頭的貨櫃
處理量確實是從 2012 年至今逐年遞減，在 2020 年已萎縮到
2008 年以前的低水平。

# Where do we draw the line?

　　一些政治人物面對電視鏡頭，往往便慣性地亢奮，忘掉了身份，忘掉了甚麼能說、甚麼不能說。記得年多前我曾在一篇文章批評一些身兼大律師的立法會議員，在外傭居港權問題上，把自己作為制定公共政策的民意代表身份與作為在法庭滔滔雄辯的大律師身份混淆。不久前，立法會議員何俊仁先生就「斯諾登事件」會見記者，給人印象是以斯諾登先生代表律師身份說話，卻把屁股遺失在可以隨便亂說而不會被追究的立法會議事堂。公然公開與客戶委託有關的細節，包括聲稱斯諾登並非單獨行事等等的細節。

　　對不起，這是明顯違反律師對客戶應負上的保密責任。事實上，已有公眾人士對何俊仁先生的做法提出質疑。

　　其實，何俊仁先生在「斯諾登事件」上的表現而突顯的正是目前香港政治圈、特別是一些泛民政客及泛民支持者的兩大問題。

　　第一，是政治至上，只要他們認為是政治正確的，便甚麼規矩都可以不管不理、不專業、甚麼身份衝突都可以不理，犯上了也可以包容。

　　第二，也是政治至上，政府做任何事情，委任任何人，推行

任何政策，都要通過他們認為是政治正確的政治審查。

這是整個社會走向迷失與混亂的表徵。

以「佔領中環」為例，戴耀廷先生以港大法律學院教授身份，鼓吹鼓勵羣眾以身試法，並明言要犯法以達到政治訴求。這明顯與他的身份不符。現在追隨戴先生在港大學習的學生，將來會是法官、律師、維護法治的律政署以至很多很多高級、中級、基層執法部門的人員。但在他們學習法律的階段，已經有法律教授告訴他們為求達到訴求是可以干犯法律的。這是甚麼邏輯？我真的不知道現在的大學是如何教授法治的。如果說為求立刻普選是可以 end justifies the means 的話，那麼還有其他甚麼東西是可以 end justifies the means 而干犯法律，然後對人說那是被認為是可以接受的？可不可以為反對東北發展而干犯法律？可不可以因保護維港而干犯法律？反對擴建堆填區又可不可以？

Where do we draw the line?

有一個荃灣區地舖的老闆被檢控阻街，因為把店舖的東西放到店舖範圍外，那是犯法。為表達訴求去瞓街阻街而被檢控的是政治打壓，不是犯法。這便是一些人的邏輯和標準 —— 只要是他們認為是政治理念崇高的、政治正確的，便怎樣也可以，瞓街也好、踩場也好，怎樣做都是可以被包容的。

今年 3 月，報紙新聞說戴耀廷先生在出席一個電台節目介紹「佔領中環」計劃時，多名青年指出戴先生在三年前出版的《法治心 —— 超越法律條文與制度的價值》一書中，強調要「有法必依」，現在卻鼓吹以犯法手段追求民主，有違法律學者道德操守。戴先生在回應時反駁指「有法必依」屬「低層次」（3 月 31 日《東

方日報》）。這樣的回應令人震驚。我要想問戴先生甚麼才算是「高層次」的「有法必依」？甚麼算是「低層次」的「有法必依」？在店舖外亂放東西阻街是納入「高層次」的「有法必依」，抑或是「低層次」的「有法必依」？為政治訴求而瞓街阻街又算是「高層次」的「有法必依」，抑或是「低層次」的「有法必依」？法律系教授是不是在教導學生同一條法律時，可以因應不同背景、訴求和理念而在應否必須依從或應否必須執行時分高低層次的？這是甚麼的法治邏輯？

我想問：作為律師在給予客戶法律意見的、作為法律教授傳授法律知識的，當被控阻街的東主問為甚麼法律教授可以教人在中環阻街而理直氣壯、而他卻不可以，我們該如何對那位把東西放在店舖範圍外引致阻街而被控的店舖東主講解法律？我們可否告訴他那是「低層次」的「有法必依」，因為他的阻街沒有崇高的政治理念。是不是只要是自己認為是政治理念崇高的、政治正確的，便怎樣也可以？便即使是犯法也可以理直氣壯地要求別人包容？這又是怎麼樣的法律面前人人平等的法治邏輯？那與中國內地文化大革命時代個別以自己政治路線正確便胡作非為的紅衛兵有甚麼分別？

如果鼓吹及帶領「佔領中環」運動的是國旗區旗都可以隨便燒的古思堯先生，我不會質疑，我甚而認為是理所當然的。但由一個仍然在大學法律學院教授年輕人甚麼是法律與法治的重要性的法律教授，去鼓吹這樣一個叫人犯法的運動，我不敢苟同，我相信大多數人也不敢苟同。即使一個律師在法庭上處理案件時，如果發現他良心上不能按法律規定繼續代表他的客戶時，專業守

則上他也必須提出停止繼續代表他的當事人。戴耀廷先生最近說「佔領中環」的目標是「博拉」（6月30日《明報》），一個教法律的教授在組織一場叫人「博拉」的運動，這是甚麼世界？是不是只要自認為政治理念上正確崇高，便可以叫人犯法也在所不惜？那自認為道德上正確崇高呢？可不可以也叫人為此而犯法？還有，怎樣才算正確崇高？由誰去決定哪一些是犯法也在所不惜的正確崇高理念？

Where do we draw the line?

我想戴先生適宜考慮是否應全情投入專心做一個社會運動家，繼續領導這場叫人「博拉」的運動，還是繼續專業地在大學當一個教人守法、教授法律與法治的教授。

絕大多數人都渴求儘早實現沒有篩選的一人一票普選，「佔領中環」作為一個合法的羣眾運動，如同一年前在滙豐銀行地下那樣不干犯刑法的「佔領中環」是沒有問題的。但若是鼓吹犯法，那是另一回事。對戴先生來說，繼續帶領要參與者犯法的「佔領中環」運動，一定會到達某一點 Where he has to draw the line, beyond which he cannot cross。我的一位在港大時的同學對我說，對於這一點，香港大學校方必須有一個說法，向公眾表達清楚大學校方對於大學講師鼓吹市民犯法，大學校方究竟持甚麼的態度。

今天香港的問題便是有一些人覺得只要自己認為自己的理念及訴求崇高，便可以完全不理會法律、規矩和別人。踩場文化是這種風氣的開始，到今天發展成為政治審查。嶺南大學校長鄭國漢先生因被指是「梁粉」身份而被嶺南大學學生進行如文革式的

批鬥。有專欄作家說這是「政治審查」和「以言入罪」。這些大學生的行為與文革時的紅衛兵有甚麼分別？不同的是紅衛兵最終在文革後期被鎮壓；但今天我們這社會對他們那種最基本禮貌也沒有的荒唐行徑，卻一直有着最大的包容，反之而是向他們提出批評的，會被他們及他們的同路人羣起圍攻，使得理性正直的人變得噤若寒蟬。

這是今天香港社會的可悲。

踩場者以一百種似是而非的歪理去 justify 他們踩別人場是正確的，政治審查者以他們自己認為是正確崇高的理念審查別人做的任何事情、說的任何道理，以他們預設的結論去猜測某些事件背後的動機，進而質疑，然後在毫無實質理據支持的情況下，把自己的猜測與質疑說成是事實；就如同民陣比警方和學者計算高出四到六倍的遊行人數一樣，經主流媒體重覆說十次百次便變成了事實，這便是今天香港可悲的地方。

報章上，有很多學者的文章。但對不起，我看到的一些學者文章並不是收集、掌握資料，然後分析再作出結論的學者文章，而只是掛上學者之名的評論員文章。我看到報章內一些標示為某某大學教授副教授的文章，很多均預設立場，然後選擇性地提供證據支持他們的預設立場。這樣的文章，是學者學術研究分析的學術文章？抑或是評論員文章？公眾必須小心辨別。公眾對學者有很高的崇敬，很多突發事情或靜態新聞，媒體會第一時間找學者分析和提供意見，珍惜的是他們的客觀、獨立和不偏不倚的分析；但對不起，在政治層面我看到個別頻頻見報的學者，只是早已有了既定立場的時事評論員而已。

簡單來說，這便是不專業。當政治取向成了主題，沉醉於自己政治理念的人，便可以為宣揚政治理念、為批評政府而忘掉學者的專業客觀獨立、忘掉專業人士應守的專業守則和禁忌，更為自己的不專業說一大堆似是而非的歪理辯解。

　　這便是政治理念壓倒一切，連專業也不顧了。學者如是，大學講師如是，律師也如是。

　　難道這又是只要政治理念崇高正確，便甚麼規矩都可以不理不管的理據？便可以不專業而仍然認為是可以接受的理由？

　　Where do we draw the line?

　　我相信絕大多數的香港人都同意沒有一個通過普選產生的有認受性政府，香港將會（或已經）陷入 ungovernable 的困境。撕裂香港社會的早已不再是應否有普選的爭論，而是普選的內涵和推行普選的步伐。如何在《基本法》的框架下爭取儘快實現沒有篩選的普選特首、如何在盤根錯節的利益集團盤踞下爭取立刻取消立法會的所有功能組別議席，考驗我們的智慧。香港要做的是在這框架下與北京和既得利益集團周旋，而不是發動一場可以置法律於不顧的政治革命。可以肯定的是戴耀廷先生在最早介紹「佔領中環」運動時，開宗明義所說的「以非暴力的公民抗命方式，由示威者違法地長期佔領中環要道，以癱瘓香港的政經中心，迫使北京改變立場。」（1 月 16 日《信報》）近乎這些年來在中東一些國家出現的茉莉花革命，並不可以達到改變北京政府態度的目的。然而，即時的結果卻是鼓勵了以千計的人以身試法，也實實在在地誤導年輕人、教導他們以為只要自己認為自己的政治訴求崇高便可以隨意藐視法律的歪理。對不起，今天的香港社

會已因壁壘分明的政治對立而瀰漫着一面倒的不理性互相謾罵、互相踩場和肢體衝突。在這樣的環境中，法治現在已成了香港維持穩定的最後基石。香港社會承受不起因大規模及有組織的鼓吹犯法而影響到出現藐視法律風氣蔓延的後果。

時間、只有時間會證明政治壓倒一切、自以為政治理念崇高便肆意妄為、發動置法律於不顧的羣眾運動，只會把香港推向更絕望的困境。

（原文發表於 2013 年 7 月 10 日）

# Politics is not always fair, those who practice it must always try to be above reproach

　　1985 年已首次當選加拿大安大略省自由黨省議會議員直至去年 8 月才正式退休的 Greg Sorbara，在 2003 年自由黨勝出省議會大選後，被委任進入自由黨麥堅迪（Dalton McGuinty）省政府內閣為財政部長。Greg Sorbara 在獲委任時辭掉了他在自己家族公司 Sorbara Group Company 的所有職務。

　　2005 年加拿大皇家騎警調查一宗涉及 Greg Sorbara 在擔任安省財政部長前，擔任主席的 Royal Group Technologies 與 Sorbara Group 土地交易的詐騙指控，2005 年 10 月 11 日加拿大皇家騎警執行搜查令分別搜查了 Royal Group 及 Sorbara Group。搜查令指有關調查涉及一宗對 Royal Group 有關人士以欺詐及其他虛假手段騙取 Royal Group、Royal Group 股東及債務人金錢的指控。

　　Greg Sorbara 否認加拿大皇家騎警的指控，並堅稱自己無辜，但他卻在第二天宣佈即時辭掉安省財政部長的職位。他並

且說「雖然面對我自己完全不清楚的指控，也不知道指控的事實基礎，但作為部長我的責任是在搜查令的指控事項裁決前卸卻職務。」（While I have no idea as to what the allegations are, or the facts on which they are based, my responsibility as a minister is to step aside pending a determination of the matters alleged in the warrant.）Greg Sorbara 並表示必須對事件查究到底。

結果在 Greg Sorbara 不眠不休的法律糾纏下，七個月後在 2006 年 5 月，安大略省的高等法院頒令把 Greg Sorbara 的名字從搜查令中移除，安省高等法院的判令指出七個月前簽發搜查令的法官是在被加拿大騎警誤導的情況下簽發。Greg Sorbara 隨即重新加入麥堅迪省政府的內閣，恢復了安大略省財長的職位。

Greg Sorbara 的故事給予發展局長陳茂波先生的啟示，是面對政黨及媒體對他在新界東北囤地謀利及作出不誠實申報的指控，他無論怎樣向公眾辯解也是徒然的。在缺乏獨立和不偏不倚的客觀調查得出的結論前，繼續擔任發展局長處理新界東北發展計劃，無論他主觀上如何努力及如何盡心盡力無私拓展他的工作，他並不能避開政客及媒體對他的不斷攻擊和不斷要他下台的呼喊，繼續承擔推動新界東北發展的重任，只能事倍功半，而整個特區政府施政，亦會變得寸步難行。

似乎，特區政府及陳茂波先生最好的選擇是仿效 Greg Sorbara：陳茂波先生立即辭職，由其他官員署任。而行政長官即時委任一個由法官主持的調查委員會，調查陳茂波先生因其家族公司過去在新界東北擁有土地情況是否涉及與他作為發展局長的身份產生利益衝突，同時對陳茂波先生上任局長時的申報是否違

反誠信等問題進行調查，並儘快提交報告公告天下，以平息公眾的疑慮。

其實，委任獨立調查委員會作全面深入調查的另一個更重要原因，是目前香港政客及媒體一面倒有理沒理反政府的心態下，政府及政府的官員說甚麼也會被媒體按自己立場扭曲及被政客按他們的政治需要，選擇性引述以便對政府及政府的官員作無止境的攻擊。可以看到的是即使是由律政司長委任專員，獨立調查對陳茂波先生的指控投訴，也會被質疑。一個並非民主選舉產生沒有民意授權的政府，面對這樣的質疑、扭曲及攻擊，別說反擊，根本是詳細地澄清的機會也沒有。

前些時候一份免費報紙中的一位專欄評論員以「政治恐怖主義」為題，說「陳茂波被查祖宗十八代，官場人心惶惶。惟恐稍有不周就被狂插，任何事都是官員的錯，都要下台。即使陳下台，相信接班人照樣捱打，除非你是個拿綜援的無產者」。

究竟陳茂波先生是如報紙標題所說的「利字當頭、以權謀私」，抑或是如新民黨副主席田北辰先生說的「蝦碌、戇居」？由政客及傳媒人繼續每天在媒體中公審陳茂波先生，陳茂波先生無論如何是不會有辯解的機會，更別冀望在媒體公審中得到「公平」的審訊。辭職是陳茂波先生唯一的選擇。委任獨立調查委員會調查是特區政府及陳茂波先生得到「公平」對待唯一的選擇。

其實，在醜惡的政治濁水中，政治人物的起起落落，平常不過；對政治人物的批評及指責，平常不過。當中過火的、不公的，是常態而非異象。在西方民主社會中，政治人物無論受了怎樣過火及不公平的批評及指責，總有機會在下一次選舉中讓選民還他

一個公道。但在香港這潭醜惡的政治濁水中，政府並非普選產生是原罪，沒有民意授權的特首及官員只有被責罵、而沒有反唇相稽的份兒。這便是今天的香港，陳茂波先生也毋須執着，處之泰然；辭了職，給自己一個機會、還自己一個公道，沒有必要繼續被媒體及政客公審。

政治對政治人物很多時候便是不公平的，就如 Greg Sorbara 被查事件發生時，加拿大一位資深記者及評論員 Murray Campbell 在報導中這樣說：Politics is not always fair, those who practice it must always try to be above reproach.

（原文發表於 2013 年 8 月 15 日）

# 誰來監察傳媒

　　就前「梁粉」及前政協委員劉夢熊先生本年初接受《陽光時務週刊》訪問，爆料連番指控特首梁振英先生，廉署要求《商業電台》及《陽光時務週刊》提供未經剪輯的完整原始訪問資料及錄音，遭到拒絕；故入稟高院要求頒令商台提供今年 1 月 24 日及 25 日原裝及未經刪剪的聲音檔案，另要陽光時務交出訪問筆記及記錄。

　　廉署的做法當然又遭受媒體負責人的質疑，認為會影響新聞自由。記協更指稱廉署做法極不尋常，置新聞操守及自由於不顧，使公眾不再信任新聞工作者的獨立性，削弱公眾的知情權。

　　究竟香港的新聞工作者表現怎樣，公眾有不同的評價。但廉署要求完整證據的做法涉及了法治的基本原則，那就是在司法程序中，特別是在涉及刑事罪行的司法程序中，究竟若某一方賴以指控的證據並非原始證據或並非完整證據時，仍可否成為法庭或陪審團判定事實的證據？因此，在這一階段，任何一方都不應慣性的第一時間對執法機關提出批評，而應由法庭裁定。

　　其實，甚麼證據可以接納或拒絕，民事案件與刑事案件的處理會有不同的標準。公眾若不善忘的話，應該還記得在陳振聰先生與華懋慈善基金的遺囑真偽爭產案，在民事訴訟中，陳振聰先

生一方提出陳先生與龔如心女士生前親密交往錄影片段，在法庭裏沒有播完便被法官中止播放。法官中止播放的決定不影響民事糾紛案的最終裁決。但在陳振聰先生被控偽造遺囑的刑事審訊中，同樣的錄影卻可以完整播出作為證據。道理很簡單，在刑事案件中，若在審訊過程中禁止任何一方提供完整證據，將會成為敗訴一方上訴的良好理由。立場偏頗的媒體節目主持人可以刪剪編輯訪問內容，作為攻擊或指摘的不全面事實基礎，但法庭是沒有可能以一些經刪剪過的資料作為判一個人有罪或判一個人無罪的根據的。

同樣的道理和原則也適用於刑事案件的調查，若沒有完整的、未經刪剪的原始資料作為判定事實的證據，案件中最終任何敗訴的一方都可以有充分的理由上訴推翻原判。因此，廉署的做法其實是無可厚非的。反過來說，只要新聞從業員堅守尊重事實、秉持客觀中立的專業操守，實在沒有恐慌的理由，也沒必要隨便散播恐慌。

立場偏頗的媒體節目主持人、評論員可以用刪剪編輯過的訪問內容，作為攻擊或指摘政府或政府官員的不全面事實基礎，沒人管得了。但法庭是沒有可能以一些經刪剪編輯過的資料作為判一個人有罪或判一個人無罪的根據的。

司法獨立是香港法治的基石，是防止執法不公的有效防線。從現實來說，在目前主流媒體一面倒的反政府的政治生態下，我的擔憂並不是執法部門的執法不公；我看到的是在高度政治化的環境中，一些早已有了政治立場的傳媒人和新聞從業員已忘掉了新聞從業應堅守尊重事實、秉持客觀中立的專業操守；他們早已

變身成了半個政客，處處有理沒理的針對政府、針對執法部門。更嚴重的是很多掌握了新聞媒體喉舌的媒體從業人員，立場偏頗，每天並不是在報導事實，而是在向公眾灌輸偏見。沒有人有能力阻擋這種向公眾、特別是向年輕一代作洗腦式的灌輸。

不久前便有着新鮮熱辣活生生的例子。

7月7日香港記者協會發表 2013 年言論自由年報。在電視新聞中看見報告撰稿人麥燕庭女士引述梁振英上任 11 個月，共發表聲明 183 篇，是曾蔭權政府同期的 8 倍，麥女士引用這數字指摘梁振英班子以聲明代替會見記者趨勢明顯，指梁班子心虛。我想絕大多數人都不會詳細看過記協言論自由年報，看了電視新聞麥小姐對梁振英政府的指摘，一般人便很容易得出印象會覺得梁振英政府遠較曾蔭權政府怕見傳媒。事實上在第二天報紙中同一則新聞報導中，執筆的記者便引述記協主席岑倚蘭小姐形容梁班子行為懦弱，而報紙執筆的記者則以「宅男首領」來形容梁振英先生怕見傳媒（7月8日《蘋果日報》）。

我對這些應該是客觀專業的記者的做法，只能說一句嘆為觀止。

事實是：在記協報告後第二天的《蘋果日報》（7月8日），除了引述記協幾位頭頭選擇性引用數據對梁振英政府的指摘外，也用了一個表引述記者協會自己的數字，表列了梁振英政府與曾蔭權政府同一時期（上任首 11 個月）的其他新聞發佈方式，比較數字是這樣的：

|  | 梁班子 | 曾班子 |
|---|---|---|
| 記者會 | 30 次 | 10 次 |
| Stand-up sessions<br>（短暫回應，俗稱扑咪） | 639 次 | 333 次 |
| 聲明 | 183 次 | 22 次 |

數字說得最清楚響亮。

從這些數字，我想問幾位專業的資深記者，她們是如何能根據這些數字得出梁比曾害怕面對媒體或市民的指控？即使單就聲明梁班子比曾班子多 8 倍的數字，我也希望記協幾位專業資深記者教導我是如何得出她們所得的結論的？

兩位特首上任首 11 個月的同一時段，梁班子的記者會次數是曾班子的 3 倍，stand-up sessions 梁比曾多 1 倍，這些數字幾位資深記者不引述，而只用書面聲明或網誌，梁是曾的 8 倍的數據作為證據，反證他們說梁振英政府遠較曾蔭權政府怕見傳媒的指控。對不支持他們論據（甚而反證他們謬誤）的數據視而不見，絕口不提，幾位應該是客觀專業的記者的做法，真是令人嘆為觀止。

記協幾位頭頭那種選擇性引用數據，再用他們獨特的解讀而得到結論說梁政府害怕面對市民的做法，不單是一些人常掛在口邊的「語言偽術」，簡直是明目張膽的以偏概全、把事實扭曲、誤導市民。

很有意思的是，網上有一些網民說我是「一個比建制派更建制的無名民主黨員」，也有網民說我「自稱非『梁粉』，但係個反反梁分子」。其實我既非建制，也非甚麼反反梁分子；一直以來

我反對的只是那些對任何人非基於事實的無理指摘，我反對的只是那些以扭曲事實誤導市民的宣傳作為新聞報導的做法。

如果一個地方的記者不是在報導事實、而是在扭曲事實，這個地方已沒有了希望。

傳媒人和新聞從業員掌握新聞喉舌這威力強大的社會公器，一天到晚都在說監察政客、監察政府、監察政府官員，不讓政客及官員亂來；但若掌握新聞喉舌這威力強大的社會公器的人亂來的時候，誰來監察他們？

（原文發表於 2013 年 8 月 16 日）

# 香港在倒退中

最近看到一則 2007 年的舊法庭新聞，忽然覺得，香港真的在急速地倒退。

2007 年粉嶺裁判署的一宗案件中（粉嶺裁判署傳票 2007 年 12677 號），一位 51 歲中年躁漢，因不滿大埔雅麗氏何妙齡那打素醫院急症室的服務而粗口辱罵醫護人員，在勸止不果下，院方報警處理並引用《醫院管理局附例》對這位躁漢進行檢控。躁漢被定罪。特委裁判官香淑嫻女士在判刑時指出被告在事件中不停指罵及呼喝醫護人員、態度囂張、行為挑釁、可謂目無法紀，故須判以最高刑罰罰款 1 000 元。

看到這則舊新聞，我立刻想到近期的粗口教師以 DNLM 四字粗口辱罵警員事件。2007 年中年躁漢用了「不 X 知所謂」、「關你 X 事」等字句，並沒有用上 DNLM 字眼辱罵醫護人員，已被告上法庭判罰千元。然而，今天我們這位為人師表的粗口老師以四字粗口辱罵在維持秩序的警務人員，卻仍然可以施施然地大義凜然，毫不歉疚羞恥；這還不止，抱不平指責這種粗言罵人惡行的休班快退休警務人員，也被個別貌似正義凜然的泛民人士是非不分地指責。

香港真的在倒退了。

香港的倒退在於回歸以來，多了一批因為他們「政治立場崇高正確」、便對他們碰也不能碰的人所享有的畸形特權。香港的倒退在於對一些人、一些媒體來說，只有政治立場的對錯、沒有了作為一個人在行為上對錯的準則。

看過一條 6 分 27 秒網上流傳粗口教師辱罵警務人員短片的人都會同意，粗口教師在短片中不斷大聲地稱在場香港警員是大陸公安、叫在場的警員拉她正正便是如同 2007 年那位中年躁漢一樣：對警務人員呼喝、態度囂張、行為挑釁。然而，不同的是躁漢沒有政黨與政治背景，所以被告上法庭罰款；粗口老師有政黨背景、有只問政治立場、不問人格的政客和媒體撐腰；別說告上法庭，就是嚴厲一點批評她也會如同那可憐的將退休警務人員一樣被一些人扣帽子指責。

一份起初在報導粗口辱罵警務人員事件，揶揄粗口教師的報章，在發現粗口教師是泛民政黨中人、政治立場正確後，便 180 度轉變把粗口教師抬舉為抱打不平的香港榜樣。

一位大學教授在文章中說一個關心粗口教師事件的家長組織收了立法會議員的車馬費，批評這些家長的投訴是狗屁不通的厥詞。大學教授在文章中這樣說：「投訴小學教師的私人生活、投訴大學教授搞佔中會影響教學水準，他們把自己當成是甚麼？」家長關注教師公眾地方粗口辱罵警務人員，大學教授對於這些家長竟然是用「家長之惡毒」為文章標題（8 月 10 日《明報》）來指責的。我們這社會是不是病了？

這一類的思維便是政治正確至上的思維：只要是不贊同你的政治立場、懷疑你的背景，便可以用最不恰當的言辭侮辱你和輕

視你的看法。連做學問研究的大學教授也可以如此出言不遜。因而，對於前一些時候記協麥小姐在反駁我的文章中不能用事實反駁便扣帽子在文章標題中指責我「賊喊捉賊」，我一點也不奇怪。也許，這便是這時代的特徵 —— 對一些人來說，在不同觀點的爭論中，他們只看立場，他們已經不覺得需要尊重事實和對別人尊重這 basic decency。

今年 5 月，我參加了在深圳舉辦的一個中國海商法研討會。研討會後，十多位與會的香港律師和大律師參觀了深圳鹽田港貨櫃碼頭。令我印象深刻的不是井井有序的硬件建設和系統運作，而是那裏的人那種充滿願景、信心和朝氣勃勃的精神面貌。

鹽田港貨櫃碼頭在去年（2012 年）處理的貨櫃突破了 1 000 萬達到 1 060 萬個。碼頭內，顯眼的地方掛出了一幅橫額說要在 18 年後達到年處理一億個貨櫃的目標。想想，那是一個 18 年規劃去達到的目標，在今天的香港來說簡直是天方夜譚。別說是 18 年，就是 18 個月內政府要做的事也被那些喋喋不休、只講政治立場不講實際的政客拖着後腿而舉步維艱。

無論我們認為中國內地的政治制度和政治環境如何不濟，但在國內一般的人對他們的將來至少比我們更有願景、更有信心和朝氣。而我們呢？政客們整天還在窩裏鬥，以是不是「梁粉」為標準來拖香港邁步向前的後腿。別人在迅速地進步，而我們在不斷地倒退中。

香港大學遴選新校長，公佈了唯一的候選人是來自英國的馬斐森先生，港大校友李卓人議員第一時間的反應是：「至少佢唔會係梁粉。」原來我們納稅人每年花二、三百萬在他們身上的尊

貴議員判斷事物是那麼簡單的。難怪港大校友徐詠璇小姐說「幾時開始香港只有梁粉與非梁粉兩類人？對中國政治不滿，發展至凡華人必有政治不潔的嫌疑、『親中』是罪，而外國人便必不會有親中原罪、沒『包袱』。這不是非常反智、非常諷刺嗎？」

似乎，對於一些人來說，只要是反政府、反梁振英便是怎樣做也可以被包容的。戴黑超的大漢平日在尖沙咀的夜店門外囂張喧嘩只有被警員喝止的份兒；但看看 YouTube，在七一、元旦、大大小小的民主遊行中黑超大漢卻可以肆無忌憚地用四字粗口辱罵警員，啞忍的警員稍一不慎沉不住氣便會被那些貌似大義凜然的政客大做文章。沒有政治背景的 51 歲倒楣粗口躁漢還沒出四字粗言，已經被裁判官指為態度囂張、行為挑釁、目無法紀，被罰 1 000 大元；公眾地方用 DNLM 四字粗口辱罵警務人員、不斷擾攘挑釁叫在場警長拉她的小學教師，卻被媒體奉為香港的榜樣。香港是不是病了？

如此的顛倒是非黑白而做就了執法不公，香港真的在急速地倒退中。

（原文發表於 2013 年 10 月 17 日）

篇後記：

2013 年沒有人留意的是，如這位粗口女中學教師教出的學生陸續進入香港各大學校園，使今天香港的各大學，到處都是粗口爛舌令人側目的男女大學生。

# 從彭定康的演講詞
# 所想起的⋯⋯

　　1997 年 6 月 30 日香港回歸中國那天晚上，我約了一些中學同學在我家裏看電視直播。末代港督彭定康先生在離港前的最後演說中，說了一段即時觸及我心靈深處、直至今天仍然回味的一段話。這一段話也許值得在現今年輕人擺動殖民地龍獅旗、思想價值混淆不清的香港再讓我們細心回味。

　　彭定康先生是修讀歷史的，他對歷史有深刻的了解。而他說話那種隱晦但點到即止的超卓技巧也是眾所周知的。離任前演說中他的一段話正正便顯示他對英國在香港 150 年殖民統治的開始與終結作出了明顯的判斷，他沒有用普通人明白的字句，沒有在判斷的那一段中提及中國或英國，但在香港殖民統治歷史中他對中國和英國的判斷卻在字裏行間躍然紙上。

　　那天晚上彭定康先生的演說主要是剖析英國對香港的管治，是為那些一無所有逃到這裏的中國人構建了一個人人有機會向上爬的社會。他的演詞是以解讀歷史的短短兩段開始，他說：

"History is not just a matter of dates. What makes history

is what comes before and what comes after the dates that we all remember. The story of this great city is about the years before this night, and the years of success that will surely follow it.

"Of course, Hong Kong's story is not solely that of the century and a half of British responsibility, though it is the conclusion of that chapter that we mark tonight."

在兩段解說歷史的段落後，彭定康先生語調一轉，說出了下面的一段話：

"This chapter began with events that, from today's vantage point, at the end of the following century, none of us here would wish or seek to condone. But we might note that most of those who live in Hong Kong now do so because of events in our own century which would today have few defenders."

任何人都可以看出彭定康先生這段話是意有所指的，但對歷史沒有深刻了解和體會的人，大多數一時間都不會明白彭定康先生在說甚麼。或者，我們可以停下來細嚼彭定康先生這段話。

在那個特殊的晚上、那個中英政權交接的晚上，要一個讀歷史的人總結156年殖民統治歷史而不明顯地觸及對英國或中國的褒貶是非常困難的。但我想彭定康先生在那個晚上通過上述那段話做到了。我嘗試翻譯彭定康先生那段演詞為中文，並加上（以括弧）他極可能是故意省略了的字眼，一般人便看得明白了。

用今天的觀點在接着來的一個世紀完結時去看在上一個世紀發生以揭開這段歷史的事件，沒有一個在這裏的人會希望或嘗試去寬恕（英國）；但我們也許會注意到現今活在香港的大多數人會（寬恕）——因為（我們目睹）在我們這一世紀（在中國）所發生那些今天只有很少人會為之辯解的事。

現在香港人都很喜歡把「普世價值」掛在口邊。我們說的「普世價值」說穿了是西方社會在過去幾十年來，為建立以西方價值為主流、維護西方國家利益的世界新秩序，而隨之而產生包含了政治、經濟、道德、倫理與法律層面的價值觀與行為規範。但毫無疑問在現今世界，西方價值正正也是代表現代文明，但從經歷過西方國家殖民地統治的亞洲人的角度，若我們回顧西方國家在過去 200 多年所走過的道路，其實過程中有着更多的是不光彩的過去。到今天，這種不光彩仍然偶爾出現。殖民統治的歷史就是壓迫、掠奪與剝削的歷史，今天的香港人沒有深責殖民統治，只不過是因為在同一歷史時期的中國，情況比殖民統治的香港糟糕千百倍而已。我們可以推崇西方價值代表近幾十年的現代文明，但不能因而忘掉（或寬恕）這幾十年前那漫長的 200 多年，西方國家是以絕對不文明的手段來主宰亞洲和主宰這世界。明白了這一點，也許我們會對中國在走向現代文明的路上那緩慢的進步步伐有着更大的包容。

那使我想起 1990 年代初的一個故事。那時六四剛過了幾年，中國經濟急速發展。認識了一位大學畢業從黑龍江跑到北京

發展很成功的年輕商人，一次晚飯，與他談起六四。那位成功的年輕商人就如很多香港親中的人說的一樣對我說：「若不是六四時制止了動亂，中國會有今天經濟的急速發展和繁榮嗎？」聽了他這樣說後，我問他：「今天的香港繁榮嗎？富裕嗎？」他肯定地回答。然後我問他說：「那是不是我們不單應寬恕英國人160年前在中國殺人掠地、還應感激他們？」我這位年輕商人朋友沒法回答我的問題。

所以，有時候很多事情，是對便是對，是錯便是錯。我們不能單用結果來評價某一行為是否可以被接受。然而，現代人的價值觀，往往便是西方人那種強調結果成敗的價值觀。進而是以結果來衡量行為本身，而輕視了行為本身的對錯；甚而很多時候人為地強把自己抬上道德高地而強詞奪理，為了達到自己認為崇高的目標而不擇手段，對過程中傷害了無辜的人毫不歉疚，甚而厚顏地自圓其說。

又看看伊拉克戰爭。我的一個美國律師朋友曾經問我對小布殊總統的看法。我對她這樣說：獨裁者薩達姆侯賽因被抓、被判死刑，罪名之一是他在當伊拉克總統期間，因為要追殺一位反對他的人，而有殺錯不放過地把這位反對者連同收容這反對者的村莊的百多人殺掉。但我們又看看，小布殊總統發動伊拉克戰爭，超高科技的衛星發現了某一村莊藏着一恐怖分子，小布殊總統命令美軍飛機向這村莊投下了幾枚2 000磅的炸彈，把恐怖分子連同村裏的人都殺掉了。美國政府然後很驕傲地宣佈殺掉了一個阿蓋達的頭目。

我問我的美國律師朋友，在這行為上小布殊總統與薩達姆侯

賽因有甚麼分別？

當美國的媒體高調地報導殺掉了一個阿蓋達的頭目，而對陪同這阿蓋達的頭目整條村喪失了生命的無辜平民冷漠不提的時候，總會有真正秉持普世價值的人會反思、會挺身而出揭破那種只求達到自己目標而完全置別人生死不顧的偽善。「普世價值」不單是確立崇高的理想，也包含了行為的規範，更包含了人們對自己的行為對錯不斷的反思與批判。

彭定康先生在香港回歸那天晚上，反思的便是西方社會在二戰後確立的「普世價值」與現代文明。現代文明並不是在一天便建立的，彭定康先生深知西方社會在逐步建立的「普世價值」與現代文明的過程中，充滿着毫不光彩的過去。

回顧今天的香港，也有這樣的一些人以為只要是為了達到自己認為是正確崇高的目標、宣揚自己認為是崇高的理想便可以不擇手段，更甚的是強自捧上去道德高地來掩飾自己行為上的不道德；而遺憾的是，香港的主流媒體很少提醒人們反思、很少揭破這些人的偽善，更多的是對這種偽善推波助瀾。

立法會議員梁家傑先生與特首談 2014 年施政報告，走出來面向電視鏡頭說的卻是電視發牌，然後批評梁振英政府「無法無天」。也許很多很多人都不同意行政會議在電視發牌上的決定，包括梁家傑先生在內很多人不接受電視發牌的結果，但我們不能否定的是行政會議作出決定有他們的機制，而決定是通過殖民統治時代已確立的既定機制作出的。身為大律師的梁家傑先生對這種機制是應該知道的。我們可以不同意結果，但不能因為不接受結果而說人家「無法無天」。「無法無天」一詞對任何政府來說是

一個非常嚴厲的批評，究竟梁振英政府在電視發牌一事上是如何「無法無天」，梁先生作為大律師應該逐一解說清楚，甚而訴諸法庭尋求司法覆核。否則，那「無法無天」只能是政客另一句譁眾取寵之詞而已。

今天香港社會，便正正是充滿了這種只求結果、只為宣揚自己認為是崇高的理念、只為達到自己認為是崇高的目標便甚麼也不顧的行為。同樣是電視發牌，在殖民統治時代，我不能想像一間政府委任的顧問公司要員，可以因為不同意政府的決策，而就顧問公司被委任事項公開高調批評政府，加入反政府的輿論陣地。簡單來說，這不單是身份與利益衝突，專業上究竟顧問公司可否公開評論委託人按委託進行研究事項的結果而作出的決策？也絕對是極大的疑問。

推倒梁振英政府對很多人來說，也許是很崇高的目標，但不能為此而口不擇言、不擇手段。這不是他們掛在口邊的「普世價值」，他們侮辱了「普世價值」。

然而，今天的香港，在今天這時代，為求目的，為求達到反政府的目標，身份利益衝突可以不理、專業守則有否違反也不顧，這便是今天的香港。

我想，彭定康時代殖民統治的香港，絕不會容許這些事發生。

我們這社會中一些人整天在喊源自西方的普世價值，那只看了普世價值的表面，而忽略了內涵 —— 在追求崇高目標的過程中，嚴守那些我們絕不能逾越的界線，才是真正的普世價值。

作為一個讀歷史的人，我想彭定康先生深知西方社會的價值觀在達致今天被普世接受的過程中，沾滿了不光彩的片段，因

而很誠實地嘗試指出對的、錯的。對於殖民統治歷史中所犯下的錯誤，西方人希望忘記但又不能忘掉。因而 1997 年 6 月 30 日晚上在他那段為總結殖民統治歷史而說，令很多人一時摸不着頭腦的話後，彭定康先生接着說了一句給予人無限想像空間的話。他說：

"All that, all that is a reminder that sometimes we should remember the past the better to forget it."

到今天，我仍看不透彭定康先生這句話的含義。也許，那些天天把源於西方的「普世價值」四字掛在口邊而不反思自己行為的朋友、那些每次示威都在舞弄殖民地龍獅旗的朋友、那些對中國建設現代文明進步步伐緩慢感到不耐煩的朋友，都應該仔細咀嚼彭定康先生那段話，反思幾百年殖民統治的歷史、反思他們今天的行為。

（原文發表於 2013 年 12 月 7 日）

# 李慧玲事件
## —— 除了政治還有專業

香港記者協會專業守則第 3 條這樣說：

> 　　新聞工作者應致力確保所傳播的消息做到公平和準確，並應避免把評論和猜測當作消息，以避免因扭曲、偏選或錯誤引述而造成虛假。

　　香港商業電台李慧玲小姐被商台解僱即時終止僱用，一向反梁振英政府形象鮮明的李小姐把她被解僱的事不單與她指稱的媒體被「滅聲」拉上關係，更單憑她個人的「感覺」，硬把香港特首梁振英先生也拉了進去成為打壓言論自由幕後黑手。在被問及她指梁振英先生與她被解僱的事有關是否有證據時；她不能提供證據。被問有甚麼證據時她最初是這樣說的：「梁振英怎樣對付傳媒是很清楚的，我把知道的事實說出，大家當然可以有大家的判斷，我的判斷很清楚。」後來在再三被追問證據下，她把判斷變成證據進一步說「我出來講就是證據」。

　　如果李小姐是一個政客，我完全可以理解她為甚麼會語出驚

人，在毫無證據的情況下硬把特首拉進去她被商台解僱的事。但她是媒體中人，被解僱前是聲音媒體時事節目主持人，以前是記者，香港記者協會在她背後全力撐腰。如果我們把她這樣的一番猜測、「感覺」和「判斷」當事實來對別人作出指控的行為，用記者協會的專業守則去檢視評價，我們會得出一個怎樣的結論？

結論是李小姐在沒有證據情況下，對商台進行放棄新聞自由的嚴重指控及對梁振英先生打壓言論自由的嚴重指控的行為，並不符合香港記者協會專業守則條文，規定對一個專業記者的專業要求。

香港記者協會全力支持李小姐，說是維護言論自由時，我不知道記協有沒有用他們的專業守則第 3 條所定下的標準，去檢視評論李小姐被解僱後幾天來一大堆猜測和感覺當事實的言論。又或者記者協會是否認為不需要用他們的專業守則去檢視李小姐對商業電台和梁振英先生的指控，便照單全收把李小姐對政府打壓言論自由的指控判定成立？

歐洲議會 1993 年通過了關於新聞工作者專業守則的 1003 號決議（Resolution 1003(1993) on Ethics of Journalism）。決議的第 3 條這樣說：

"The basic principles of any ethical consideration of journalism is that a clear distinction must be drawn between news and opinions, making it impossible to confuse them. News is information about facts and data, while opinions convey thoughts, ideas, beliefs and value judgments on the part of the media companies, publishers and journalists."

1003 號決議的第 6 條是這樣說的：

"Opinion taking the form of comments on events or actions relating to individuals or institutions should not attempt to deny or conceal the reality of the facts or data."

此外，美國 Society of Professional Journalists 的守則（Code of Ethics）對新聞工作者有這樣的要求：

"Journalists should be honest, **fair** and courageous in gathering, **reporting and interpreting** information."

如果我們用這些國際的標準，去檢視包括李小姐主持的節目在內現時香港各大小電台那些充斥着一面倒立場的時事評論節目、主流報章充斥着新聞報導中加上記者和編輯個人立場的報導；它們當中究竟有多少能符合這些國際專業標準？有多少根本是新聞報導與評論也不分的？

國際記者聯盟（International Federation of Journalists）1954年世界大會中發表的新聞工作者行為守則聲明（IFJ Declaration of Principles on Conduct of Journalists）第 8 條，明確指出誣衊、中傷、誹謗及<u>無事實根據的指控</u>是嚴重的違反專業操守（Grave Professional Offence）。第 8 條全文是這樣的：

"8. The journalist shall regard as **grave professional offence** the following:-

*plagiarism

*malicious misrepresentation

*<u>**calumny, slander, libel, unfounded accusations**</u>

*acceptance of a bribe in any form in consideration of either publication or suppression."

　　用國際記者聯盟新聞工作者行為守則聲明的標準，去檢視李小姐對香港商業電台和梁振英先生的指控，如果李小姐是政客、不是新聞工作者，那她說甚麼我也沒意見。但如果她仍然認為她是廣大香港市民信賴的專業新聞工作者的話，我想我只能用香港及國際對新聞工作者要求的專業操守，去檢視和評價她主持節目的方式，以及她發放資訊與據事實或非據事實評論的方式。我也只能用香港及國際對新聞工作者要求的專業操守，去檢視她對商業電台及梁振英先生的指控。

　　我不知道香港記者協會在無條件地全力支持李慧玲小姐前，會不會用同樣的標準以嚴格的事實與證據基礎去檢視李小姐對商台及對梁振英先生的指控。如果不會的話，那麼我想問記協把他們的專業守則與國際記者聯盟的行為守則聲明條文，放在甚麼位置？

　　當然，如果李小姐及記協均公開明白表示李小姐不屬於專業的新聞工作者，不須理會有關守則，那我沒有意見。反正，規範專業新聞工作者的守則，不會用來規範隨口甚麼也可以

說的政客。

　　但如果真的是這樣、如果李小姐不是新聞工作者，她對商台及梁振英先生的指控，變成了另一次爭論中持某一政治立場的一方指控另一方；那我會問在沒有證據支持下，在處理李小姐與商台及梁振英先生之間的爭論，記者協會站在李小姐那一邊；香港記者協會究竟是如何在專業守則第 3 條「避免把評論和猜測當作消息」的規範下達致毫無保留地支持李小姐這一方的結論？記者協會怎樣看待記協理念中所說「我們確信新聞從業員須遵循真實、客觀、<u>公正</u>的原則」？記者協會又會怎樣看待記協操守守則第 (1) 條所說「新聞從業員應以求真、**公平**、**客觀**、**不偏不倚**和全面的態度處理新聞材料，確保報導正確無誤，沒有斷章取義和曲解新聞材料原意，不致誤導大眾」？

　　我以前曾就記協某些人在新聞發報中選擇性引用資料作出質疑，得到的是被記協中人以「賊喊捉賊」為標題為文，反對我進行口號式扣帽子的指責（2013 年 8 月 23 日《明報》）。就本文提出的一系列問題，我不單希望記協能回應，更希望得到一個專業團體專業的、說理的回應，而不是一個政治團體扣帽子的攻擊。到底，社會的進步要求各專業領域的人都能專業地做好自己專業的工作。這些年來的香港，政治口號喊得實在太多了。政治固然重要，但除了政治，還有專業，是大家都應返回基本，返回專業，以專業的標準而不是以政治口號和政治取向，去檢視我們各自專業領域的工作的時候了。

（原文發表於 2014 年 3 月 2 日）

# There is no excuse for discourtesy in this Chamber

　　在港英殖民統治時代，立法局內議事辯論，大多數時候只是搔不到癢處的和風細雨式辯論。1985 年引入間選，也只有三數位具民主意識的議員能通過間選入局，對於殖民地政府自 1967 年暴動後推行所謂共識政治（Government by Consensus）、實質仍是壓制自由與民主發展的殖民統治，間選在當時而言並沒有為促進香港的自由與民主發展帶來很大的變化。

　　那個立法局和風細雨但高效的年代，從港督仍然是立法局主席、可以有時間每週三主持立法局會議這一點可見一斑。

　　1986 年因內地在大亞灣興建核電廠，香港準備向核電廠買電，安全問題引起社會廣泛關注，立法局組成核電考察團到北京和美加考察並提交報告。港督尤德爵士在 1986 年新一年度立法局第一次立法局會議閱讀的施政報告，讚揚立法局核電考察團的報告。在接着一星期後的立法局會議中，首席議員鄧蓮如女士提出動議辯論，要求政府提交香港向大亞灣核電廠購電的安全及價格安排的詳細資料。

　　在這次辯論中，李鵬飛議員發言以贊同中國官方會被指為擦

中國政府鞋為引喻，說他自己可能會因為讚賞立法局主席（港督）在上週的施政報告中，讚揚核電考察團報告而被指為擦港督鞋。

接着，與循教育界間選入局的司徒華及循法律界間選入局的李柱銘以及循黃大仙區議會間選入局被認為同屬民主派的林鉅成醫生以粵語發言。林鉅成議員發言中回應李鵬飛議員擦鞋論時稱，依李鵬飛議員的邏輯，擦鞋的不是李鵬飛議員，然後向着主持立法局會議的尤德爵士說「擦鞋的是主席你，不是李鵬飛先生」。

在那年代，竟然有人膽敢公然冒犯英女皇代表的港督、批評他擦鞋，首席議員鄧蓮如女士在動議辯論終結時簡短的總結發言時甚麼也沒說，短短幾句，集中的是對林鉅成議員不滿的指責。她說："......there is no excuse for discourtesy in this Chamber and I profoundly regret the discourtesy shown to the President of the Council." (HK Hansard – Legco Sitting 15 October 1986) 28 年前電視上看見鄧蓮如女士一臉嚴肅地說那幾句話，至今仍然印象深刻。

重溫這段當事人也已忘了的俱往矣的瑣事，再看看今天立法會內個別議員那種荒唐混帳，倍使人感到唏噓。

感到唏噓的絕不是緬懷過去那種殖民地政府以各種高壓、懷柔與虛偽的西方文明手段壓制言論自由；也不是一些激進人士為行使宣揚一己理念、訴求和喜好的自由而妨礙別人的自由、妨礙整體社會利益的行為。感到唏噓的是行使這些自由的人的虛偽和不誠實，感到唏噓的是這些人的雙重標準和不斷地向社會大眾、特別是年輕人灌輸這種騙人的雙重標準。

沒有人會同意香港社會、香港市民今天所享有的言論、集會、出版和各式各樣的自由正在被收窄。但一些政客、學者及評論員，一方面在天天有理沒理地行使他們的自由攻擊政府，另一方面卻不斷危言聳聽告訴香港人說正失去言論自由、說言論自由正被收窄，這不是虛偽和不誠實，還能算是甚麼？

　　這些政客、學者、評論員推崇西方的公民社會，對本地的大事小事無不吹毛求疵地批評和指責，動輒甚麼雞毛蒜皮的小事也要官員交代、要警隊交代、要所有人向他們交代。他們自己卻不用就自己的荒唐言行向任何人交代。這便是雙重標準。

　　讓我們看看他們推崇的西方公民社會有多文明。

　　1997 年加拿大溫哥華舉行 APEC 年會，加拿大騎警在只給了五秒鐘的警告便向反對極權國家領袖（包括國家主席江澤民和印尼總統蘇哈圖）參加會議的卑詩省大學（UBC）1 500 名示威學生噴胡椒噴霧（Chris Nuttal-Smith "APEC Summit gets nasty at UBC" Varsity News 27/11/1997）。

　　1999 年世界貿易組織部長級會議在美國西雅圖市舉行，鐵甲人一樣的防暴警察和國民警衛軍在 12 月的寒冬中，對反全球化的示威者動粗，強行驅打示威者。西雅圖市政府並因有反全球化示威而宣佈戒嚴及進入緊急狀態（Larry Elliot & John Vidal "Week of division on and off streets" London Guardian 4/12/1999）。

　　看過這些西方文明社會的例子，反觀香港警隊對示威者的忍讓克制和罵不還口，政客們還說在香港的表達自由正在被收窄和剝奪，這不是說謊還能算是甚麼？香港的一些政客擁抱西方，老是拿西方社會為標準。西方社會的警隊、特別是美國的警隊對付

示威者絕不手軟，他們有開腔批評過嗎？反而每次激進示威者衝擊香港警隊，他們均第一時間一面倒指責香港警隊，他們所持的是甚麼樣的騙人的雙重標準？

大多數香港市民早已看透了這些政客及他們的支持者的雙重標準，也只能說「夠了！」這樣下去，香港只會讓這些人不停地拖香港後腿而使香港停滯不前。

前些時候教育局局長吳克儉先生呼籲各辦學團體、校董會、校長、教師及家長「不要讓我們的同學、他們的子女參與或被教唆參與違法的佔領中環行動，以免危及人身安全及觸犯法紀」。吳局長短短的一句話引來泛民人士鋪天蓋地的批評，教協指責局長「施壓恐嚇」、資深評論員及資深記者指摘局長「淪為『幫港出聲』打手」、「與『幫港出聲』公然唱雙簧」。反正與他們意見不同的便要被有理沒理地扣帽子和指責，而他們天天在互相呼應唱雙簧卻是理所當然的。

我反倒想問問，這些人天天在煽動年輕人佔領癱瘓中環，是他們的自由，甚而在六四燭光晚會把宣揚佔中變成主題，也是他們的自由。別人提出規勸年輕人不要這樣做，同樣也是自由。這些人憑甚麼可以指摘別人？難道身為教育局局長說幾句話規勸學生家長、老師及校長不要讓同學們被教唆參與違法行為也是不對的？他們憑甚麼對吳局長指摘？就是單憑他們認為佔中背後的政治理念「政治正確」？只要是他們認為「政治正確」，任何反對這「政治正確」的聲音都必須被攻擊、指摘及打倒？原來他們所說的言論自由是不容許別人有表達不同意見的自由。

公民社會有不同意見、有不同表達方式，其實是很平常的事

情。重要的是你說你的，你做你的；我說我的，我做我的。但今天香港社會的亂象是有一些政客、媒體和學者只是政治取向為上，對與他們政治取向不同的言論橫加指責。只要有官員或任何一點點公權的人對他們提出批評、甚或只是提出不同意見，他們便上綱上線認定為官員行使公權壓制、恫嚇他們、收窄他們的自由而羣起對發表看法的官員圍攻。

30 年前仍未成形的民主派元老之一林鉅成醫生，在立法局內一句無關疼癢批評已故港督尤德爵士擦鞋，已被鄧蓮如女男爵一句「立法局內不容以任何藉口行不敬之事」狠狠地噴去而坐下來不再反駁。我不知道究竟今天拿着龍獅旗示威的年輕人究竟知不知道他們在做甚麼，究竟知不知道他們在懷緬殖民統治時代的甚麼。

今天幾個香港人已受夠了的議員，可以向特首掟道具和謾罵，即使被立法會主席驅逐離場仍可以自由地坐着不動、我們奈他們何？陪他們一起癲的一眾議員只得繼續浪費公帑讓會議腰斬。這種混帳場面，泛民一眾議員當然不會指摘，甚至提也不提；反過來更仍不斷以謊言向市民危言聳聽地灌輸說他們的表達自由被收窄。他們傷害了別人、傷害了整個社會，卻反說成他們去繼續傷害別人的自由被收窄。政客的虛偽和謊話連篇，還有比這更甚的嗎？難怪一間市場調查公司 5 月做的調查發現各種職業中政客是最不獲信任的。

官員們一言半語，別說是失言，就是說了半句一些不合這幫人意的說話，也會招來口誅筆伐。那些立法會會議廳內亂擲物、污言穢語罵人的人，拍拍屁股便甚麼責任也不用負、也毋須向任

何人交代，全香港市民也沒奈他們何。與他們同路的政客還走出來說被挑釁，他們究竟在騙誰？是不是把善良的香港市民都變成了無知小孩了？

　　城市大學政改研討會場內，這些政客的支持者衝到台前衝擊身為北大法律教授的講者進行搗亂，打斷別人的發言說人家沒有資格講法律，他們這種只有自己說不讓人說的暴民行徑，還有甚麼資格講言論自由？泛民若擁抱他們不劃清界線，還有甚麼資格講言論自由？

　　夠了，若香港仍希望前進，對於這種滿口謊言行為與流氓無異的無恥政客，除了直斥其非外，再沒有其他應對之道。一位專欄評論員最近在專欄中這樣說：「要臉的政客很難上台，上得台的多數是不要臉的。」正好描述了我們香港今天的亂象。

　　追求民主是崇高的理念，但爭取過程也必須依循崇高的手段。我那不時有逆向思維的大女兒曾對我說這樣的兩句話：「人性的善良使民主變成可能、人性的醜惡使民主變成必須。」[1] 她說參透了這兩句話後想出了另外兩句話：「人性的善良使獨裁變成可能、人性的醜惡使獨裁變成必須。」聽了我的大女兒這四句話，我沉思了很久。然後我的大女兒再對我說今天香港更貼切的是「人性的善良使暴力變成可能、人性的醜惡使暴力變成必須。」

　　在我的女兒那幾句話後，新聞上看到國務院發表了香港政制

---

1　原文應是神學家 Reinhold Neibuhr 的「因為人有行公義的能力，使民主變得可能；但亦因為人有不義的傾向，令民主變成必須。」（Man's capacity for justice makes democracy possible, but man's inclination to injustice makes democracy necessary.）

白皮書，強調中央對香港具全面管治權，並說有權宣佈香港進入緊急狀態。我在沉思，一些熱切追求民主滿口崇高理念但行為醜惡的人，究竟他們是在為善良的香港市民帶來民主？抑或只會帶來暴力與獨裁？

（原文發表於 2014 年 6 月 16 日）


篇後記：

2014 年時我在問：「一些熱切追求民主滿口崇高理念但行為醜惡的人，究竟他們是在為善良的香港市民帶來民主？抑或只會帶來暴力與獨裁？」2015 年滿口崇高民主理念的泛民反對派政客，阻擾了香港循序漸進普選特首；2019 年泛民政客借爭取民主之名慫恿包庇黑暴橫行。2021 年我問：「他們種種醜惡行為，為香港帶來了甚麼？」

# 如果這種混帳是
# 你們這時代的特徵 So be it

七一遊行過後餘波激盪。

泛民、個別學者、熱血學生及自以為頭上有光環的年輕記者，眾口同聲稱遊行人數 51 萬，稱是 70 多萬人網上投票的後續。泛民政客甚而號召 51 萬遊行人士到警署自首。

奇怪的是，這些人捧着港大民研不准觸碰的金漆招牌說網上公投 70 多萬；但港大民研說七一遊行人數只有 15.4 萬至 17.2 萬，他們卻不引用甚而提也不提港大民研的數字了。

原來對一些頭腦發熱的人來說，即使是他們認為是最有公信力的金漆招牌也只是有需要時才捧出來；不符合他們政治需要的便毋須理會，一樣義無反顧棄如敝屣的丟進垃圾桶。這便是那些不斷要求政府、要求別人講誠信的政客、學者、熱血學生和自以為頭上有光環的年輕記者的誠信標準。

不誠實，在政治上很平常。年復一年的不誠實出現在公佈的遊行人數上便是政治現實的一部分。過去三年民陣公佈與港大民研點算出遊行人數一直有落差：（見表）

| 2012 年 | 民陣 40 萬 | 港大民調 10 萬 |
| 2013 年 | 民陣 43 萬 | 港大民調 10.3 萬 |
| 2014 年 | 民陣 51 萬 | 港大民調 17.2 萬 |

　　民陣用他們自己的計算方法得出的數字為 51 萬，大幅偏離了其他客觀第三方的計算所得結果。而有可以說出程式或方法點算今年七一遊行人數的除了港大民研的 17.2 萬外，還有港大葉兆輝教授的 11 萬到 13 萬和《南華早報》的 14 萬。明顯顯示民陣的計算數位嚴重誇大。即如葉兆輝教授說：「若果主辦方為了宣傳效果而隨意估測人數，以沒有誠信的方法批評政府沒有誠信，只會令香港陷入一個向下的惡性漩渦，不能自拔。」不斷年復一年重複引述單一一個他們明知是缺乏誠信的數字的政客、學者、評論員和記者還能有甚麼誠信可言？

　　就如《怪獸家長》作者屈穎妍女士在評論民陣公佈的遊行人數時說：「不誠實，是一條不歸路。」

　　今年的爭論是政改。其實政改討論理應聚焦政改討論，但觀乎近月的發展，似乎政改爭論引發出的是一股邪惡力量在用盡各種方法攻擊政府、癱瘓政府的運作。立法會議廳內那種街頭流氓混鬥般的場面已讓香港市民看到這股力量的可怕。這股力量正在把每一件正常可以通過辯論解決的決策事務或簡單的撥款程序申請，上升為你死我活 none or all 的矛盾，而不單使議會沉淪、政府癱瘓，甚而使整個社會因內耗不斷而停滯不前。

　　泛民議員鄙視 689 票選出來的特首，議會內舉牌抗議混作一團，有人看見甚麼便拿甚麼來亂擲，擲的玻璃杯碎了，警員來查，一眾泛民議員又像天要塌下來般搬出行政立法關係的大道

理？說警方不尊重立法會，他們自己呢？他們在議會內泥漿摔角般的行為有尊重過立法會嗎？有尊重過自己尊貴議員的身份嗎？混帳！

大學高級講師以特首的女兒、特首家庭事為文攻擊梁振英先生，特首夫人反駁指斥，大學講師說他的文章事實清楚、評論公正，沒有必要收回。這便是今天的香港，有一些人為了攻擊別人會用盡所有機會、資料和資源，就是別人的家人家事也不放過。我在想，難道這便是今天香港的主流價值？是不是我已經過時了？就如我以前曾寫過文章批評一些人肆意踩場，不顧場合、不講禮貌、也不尊重別人；這些人反過來洶洶的對我說：「你批評我？你了解我為甚麼這樣做嗎？你有嘗試了解我踩場的原因嗎？」他們沒有評價或反思自己行為本身的對錯，他們只講他們作出這些行為的原因、作出這些行為背後他們認為是崇高的大道理，迴避不講他們一些荒唐行為本身的不當。難道這便是大學裏一些大學講師教學生的標準：只要自己認為道理對，便其他甚麼也可以不顧？

我想對大學講師說，我想對這些年輕人說：「對不起，我不同意。」

對不起，除了事實、道理的標準；還有道德、人倫的底線。

對不起，今天香港發生的一件又一件的混帳事，已觸及了我的底線。你可以說我 outdated，迂腐追不上你們的時代。但如果這種混帳是你們這時代的特徵，so be it。

即使那怕只剩下我一個人這樣的 outdated 和迂腐，我仍要一而再、再而三的這樣說：「除了事實、道理的標準；還有道德、

人倫的底線。」

　　7月1日下午三時多，我到了灣仔軒尼詩道近堅拿道等待遊行隊伍。在軒尼詩道上擺滿了如跳蚤市場的街站流連；聽劉山青用沙啞的聲音叫咪，聽龍獅旗下那男人講粗口控訴 18% 內地新移民領取綜援，聽反東北發展的人講他們的訴求，聽熱血公民打倒共產黨的宣傳，聽反版權修訂條例的人的演講。他們的訴求不同，但令我感到不安的是他們毫無例外地以「去到盡」的語調講他們的訴求，無非要政府「跪低」、「撤回」、「擱置」不可，否則絕不罷休。他們每一句都在提高嗓子叫喊，彷彿便是為了進行你死我活 none or all 的鬥爭吹響號角。

　　我在想、我在擔心的是我們的訴求都崇高，但我們都務求對方「跪低」、「撤回」和「擱置」，否則絕不罷休，我們都喪失了理性妥協的胸襟和能量。每一個訴求就是每一次癱瘓整個社會的你死我活 none or all 的衝突。

　　這樣下去，香港會怎樣？

（原文發表於 2014 年 7 月 9 日）

# 是溫和泛民好好地
# 捆綁在一起的時候了

　　今年年初 2 月佔中在發芽醞釀，泛民嘗試與中央溝通（或中央嘗試與泛民溝通）行動還未開始的時候，我在沙田一個朋友太太的喪禮上遇見一位泛民政黨核心成員，致祭完畢後開車順道送這位泛民政黨核心成員回港島，在車上與他閒聊。

　　這位泛民政黨核心成員在車上對我說了兩點：（一）他說他有留意我一直以來發表的觀點，他說我怎樣說都可以，因為我不用參與選舉；若我參與選舉，那便是另一回事。（二）他說泛民圈中正在流傳一個要民主黨滅黨說法，那便是他們估計 2017 年特首普選方案必然保守得難以令泛民接受，然而泛民中人也知道若普選特首的政改被否決也是很難接受的，所以各泛民政黨均期望民主黨能像上次那樣投票支持政府提出的政改方案，然後讓其他政黨羣起攻擊再來個票債票償，一舉消滅民主黨，由其他泛民政黨接收民主黨的支持者。

　　相對泛民一直所表現的團結，我對這位泛民政黨核心成員的第二點說法感到驚訝，甚至難以置信。我嘗試把這流傳說法向幾個有定期飯局的民主黨資深黨員（部分已退休）求證，他們說沒

有聽過這流傳。但這確確實實是出自一位非常非常核心的泛民政黨成員之口。我從這說法所唯一能作出的判斷是，在 2017 年特首普選政改問題上，泛民各黨派，必然是各有盤算。其實，已故民主黨黨鞭司徒華先生便曾經多次說過，選舉是政黨的生命，政黨為選票盤算，一點也不稀奇。如果說有政黨會為原則而輕易放棄選票，那才是稀奇的事。

工黨李卓人先生在電視鏡頭前說即使很多人支持「袋住先」，泛民仍然會否決特區政府依中央所定有篩選候選人框架下提出的假民主「2017 年特首普選方案」，他說選民不同意他們的決定的，可以在將來的選舉中懲罰他們。有人對我說，那不正便是堅持原則而不是為選票嗎？我對這種表面的「堅持原則」有不同看法。在我眼中，這種似乎是不計得失的堅持原則，其實是經過小心盤算的。這種堅持原則，只是掩飾為選票，硬往自己頭上套上光環的砌詞。

沒有人會說人大常委會的決定是理想的。但政治現實終歸是政治現實，政治現實裏哪會有每一個人都滿意的理想結果？在政治裏對不理想的結果除非我們準備革命推翻，否則只能妥協接受，爭取改進。面對《基本法》的框架和人大常委會對香港政改有最終話語權那不可改變的政治現實，大多數務實的香港人都明白可以做到的，只是在不可以改變的政治現實框架下爭取最大程度的民主空間，能拿到多少便先拿多少「袋住先」。泛民可以說香港市民是被迫無奈地接受「袋住先」，但那又怎樣？除了大多數人都不想的原地踏步外，還有沒有別的選擇？這一點，除了那些不顧後果的浪漫理想主義者外，務實的香港人都很清楚在爭取

民主發展上香港所面對的局限。

在政治上堅持政治原則也必須包含顧及和尊重政治現實。

2012 年 5 月，畢生為緬甸爭取民主的諾貝爾和平獎得主昂山素姬女士和她的戰友在緬甸軍政府操控下的選舉獲選，為了順利進入國會繼續推動民主發展，昂山素姬女士和她的戰友願意妥協，按軍政府要求宣誓「捍衛」一部她畢生反對並為之而被軟禁了 15 年的軍政府獨裁憲法。昂山素姬及她多年來共同反對軍政府的戰友認為，他們宣誓進入建制可以做到的遠比單為維持原則而杯葛不加入建制為多。昂山素姬女士的妥協只是為了更好地伸張她秉持的原則、更好地為緬甸的民主發展出力。假如她堅持杯葛、放棄於建制內推動實質的民主進程，除了在建制外繼續講原則外，她還可以做到些甚麼？昂山素姬女士在堅守民主原則的同時，也顧及和尊重政治現實。

誰都可以看出，泛民各黨不理性地無視超過 50% 民意支持「袋住先」的政治現實，而在本地立法方案未出已經聲言要否決，不理性地對超過 140 萬人簽名反對佔中無動於衷而堅持佔中，目的已不是單純為原則，目的是為了他們不斷重複提及佔中網上投票那 70 萬人的選票，更是為了滿足他們的一小撮激進支持者的訴求 —— 那是已足夠令他們的立法會議員當選的選票。正正也是為恐怕失去了這些選票，他們無視，也不敢以民主的態度顧及和尊重政治現實，正視更多其他人所持遠比他們和他們的支持者更理性的訴求。

2010 年政改，民主黨以顧及和尊重政治現實的態度、務實地為推進民主一小步而不吝嗇妥協，在最後關頭支持政改方案，

換來接着兩年被激進力量狙擊，要民主黨「票債票償」。令我失望的是民主黨對顧及和尊重政治現實不吝嗇妥協，以求推進民主的正確原則沒有堅持，對為搶奪選票而以粗暴行為、粗言穢語，惡意狙擊民主黨的激進力量退讓。對這種政治惡勢力低頭，任由這些力量騎劫、挾持乃至主導泛民各黨派便是徹頭徹尾的為選票，而不是為原則。

人大常委會所定的特首普選框架，沒有人會否認有篩選候選人成分；但別忘記，那是香港開埠 170 多年來第一次有機會一人一票選管治香港的地方首長，對香港來說肯定是一種進步；對中國人來說，那是繼台灣 1996 年開始普選最高領導人後，在中國土地上另一次有機會一人一票公開地選地方領導，那對中國 14 億人民來說，肯定是一個非常好的示範。我們一直都希望香港的民主對內地起示範作用，若我們否決不接受這並不理想的選舉，那便連這一示範作用我們也將失去。

同時我們失去的也是立法會全部議席由普選產生的機會。人大常委會的決定已講得很清楚，立法會全部議席由普選產生只能在普選特首後出現。沒有普選特首，立法會全部議員由普選產生將遙遙無期。

任何理性、務實、堅持一點一滴地追求民主的人，如果是真心地追求民主的話，是沒有可能想也不想便否決了一個不完美、但是唯一一個可以推進民主進程的方案的。泛民各黨派的立法會議員，如果他們真的是真心為推進香港的民主進程這大原則，而不是只是為了在比例代表制中抓一小撮選票以保住自己的議席的話，實在沒有理由在 2017 年特首選舉本地立法的方案仍未出

台，便想也不想地要否決，那絕對是不負責任的做法。

2010 年政改通過後，激進民主派以「票債票償」為口號攻擊民主黨。天下荒謬之事莫過於此，民主黨的妥協給予了原沒有第二票的 200 多萬選民第二票，卻仍被人以「票債票償」為口號狙擊。

在人大常委會定下的框架下進行的 2017 年特首普選給予500 多萬合資格選民一人一票選特首的權利，無論是否有他們合心意的候選人，500 多萬合資格選民確確實實是第一次擁有了投票權。20 多位泛民議員依據甚麼理據，粗暴地剝奪了 500 萬合資格選民的投票權？

如果我沒有錯，泛民不讓特首普選方案通過放在枱面上的理據，是不希望將選民投票產生的認受性給予經篩選後才由市民投票選出的特首。對，姑且假設經篩選後，所有特首候選人我也不喜歡，但 20 多位泛民議員憑甚麼理據要代我決定認為我不需要去投票、強行剝奪了我投白票和廢票以示抗議的權利？然後更有人會說，對，民調顯示梁振英先生只有 45% 的支持率，但 20 多位泛民議員憑甚麼理據強行剝奪那 45% 的支持者投票表達他們支持梁振英先生的權利，而讓你們可以繼續隨意以 689 票為口頭禪，對梁先生進行侮辱和人格謀殺？

激情過後，泛民若為保激進力量的選票而仍堅持甚至不參與本地立法諮詢而否決 2017 年普選特首的方案，剝奪 500 多萬合資格選民投票選特首（或投白票、廢票抗議）的權利，那各泛民政黨及政客必須面對的，將是 500 多萬合資格選民要求各泛民政黨及政客真正的「票債票償」的聲討及狙擊。

更重要的是，請看看昂山素姬的例子。隨便以一己要一步到位理念為指導，被一小撮不顧政治現實的激進理想主義者牽着鼻子走而隨便剝奪 500 萬合資格選民投票權的人，還配不配稱為民主鬥士，還配不配稱之為為民主而堅持原則的人？

司徒華先生曾多次說過香港的民主繫於中國的民主。中國沒有民主，香港難以獨善其身。香港是中國的示範，香港對中國猶如唐朝太宗皇帝時的諫官 —— 魏徵。我們以我們獨特的地位可以自由地忠言逆耳地批評中國、批評中國共產黨的同時，也必須抓緊每次可以示範的機會，對中國內地進行民主示範。我始終相信如共產黨所說量變必然帶來質變。無論經篩選候選人的特首普選是如何的不理想、不完全民主。但這 500 萬合資格選民有機會參與的選舉必然對特首選舉本身帶來實質的改變、必然對香港的政治生態和民主發展帶來實質的改變。扼殺了 500 萬人這機會而任由特首選舉原地踏步、任由立法會全面普選遙遙無期，是違反了所有民主原則的，此非香港人之福、非中國之福、更非泛民之福。

人們說溫和泛民不應捆綁，我卻認為現在是時候溫和泛民應捆綁在一起、一同徹底排除激進力量的干擾，不再指望由別人去妥協而讓自己繼續怠惰於避開不被激進力量攻擊的 comfort zone。現在更是溫和泛民好好地捆綁在一起的時候，以便履行職責以理性務實態度審議和通過 2017 年政改，讓 500 萬香港人有份參與普選特首，以便在新的台階和新的政治生態中，能更好地繼續推進香港民主的進一步發展。

空講理想不顧現實的激進力量不會為香港的民主前途帶來希

望。激情的狠話說完了，是溫和泛民回歸現實慎而重之再三思量的時候了。

（原文發表於 2014 年 9 月 11 日）

**篇後記：**

我建議泛民捆綁在一起排除激進力量的干擾、循序漸進推進民主，結果令很多人不快的是泛民與激進力量捆綁在一起，把香港推向 2019 年黑暴肆虐的深淵。

# "Damn your principles!
# Stick to your party."

　　中央政府對特區政府 2017 年特首選舉「落閘」，「佔中」正式啟動。而近幾個月來，佔中與反佔中各自進行大規模羣眾運動把爭拗推向高潮。

　　這邊廂佔領中環運動全民網上投票號稱 80 萬人參與，那邊廂保普選反佔中街頭簽名運動號稱以超過 140 萬人參與告終；去除水分，兩者都是龐大的數字。民主派的七一遊行警方估算的數字是 13.8 萬人參與，建制力量傾巢而出的反佔中遊行警方估算的數字是 11 萬人。一攻一守，給人兩種力量在進行全面對抗和較量的感覺。七一與反佔中兩次遊行我同在灣仔旁觀。強烈的感覺是七一遊行參與者以年輕人居多，而反佔中遊行卻以較年長者為主。

　　在政治民主化發展持兩個截然不同立場的大規模動員羣眾的運動，反映到的是當今香港社會面對的是缺乏協調與溝通的世代矛盾。年輕一代新生政治力量的急速冒起對政治現狀進行強力的衝擊、傳統保守政治力量被迫退守頑抗、伺機反擊。而導致矛盾激化甚而近月使部分年輕激進者按捺不住以暴力衝擊議會的原

因，很大程度上源於過去 20 多年來，不論是支持政府的建制力量或是在野的民主黨派，均沒有有計劃地把要求民主呼聲越來越響亮的年輕一代，正式納入參與議政及決策的正式渠道，引致有強烈民主訴求卻不能在議會參與、甚而不能在政黨發揮影響的年輕一代的躁動。對改變現狀的無能感，使他們當中有不惜以違法達到政治目的，佔中運動也就是在這種背景下出現。

在香港的政治版圖中，泛民與建制兩大陣營的政客和政黨老大，經過 20 多年在沒有執政機會的日子中蹉跎，紛紛自私地墮落於戀棧權位的怠惰、不甘寂寞和陶醉於電視鏡頭前的亢奮，沒有認真地思量通過老退幼進的規劃，把新一代有志積極參政的年輕人納入體制內政治拉鋸與妥協的正軌 political process，而任由這些有志積極參與政治的年輕人在正常的 political process 外，憑着理想主義亂衝亂撞。從反高鐵、反國教到佔中，在正軌 political process 內蹉跎的泛民政客也好、建制政客也好，赫然發現所謂少數激進力量，竟然有為數不少積極參與的年輕羣體支持。

對以羣眾運動起家的泛民來說，也因為這些積極參與者的積極參與，使每一次需要動員羣眾的社會或政治運動均被同一批的年輕積極參與者主導。結果是戀棧權位的泛民政客和泛民政黨老大，為保住權位迫於甘受這些沒有以體制內角度考慮問題的極端理想主義年輕羣體牽制，放棄了從政者應有的務實獨立思考，甘願墮落於被牽着鼻子走，擔當極端理想主義者的傳聲筒、代言人，並以此墮落為保住選票和他們的權位的交換。

年輕人充滿熱情、講理想，往往很多時候不顧實際，是可以

理解的。但在政治圈中打滾了 20 多年的泛民政客，仍然是那樣空談一己訴求的不顧實際，實在令人失望。為保選票，泛民議員淪為年輕理想主義者的代理人，而不再是領導民意的領袖。

這裏涉及的便是對代議民主與民主選舉真義的理解。究竟民主選舉是選出能宏觀地獨立判斷、務實思考的代議之士抑或僅僅是小眾選民羣體的傳聲筒和代言人 —— 甚而無視部分選民羣體的行為是如何的不顧現實和有違常理？究竟民主選舉是選出只代表小眾民意的代理人，抑或選出也同時領導民意、帶領民眾思考的民意領袖？

功能組別選舉產生一半議席，和僅憑幾個百分點選民支持便可當選的香港立法會比例代表制產生的民意代表，體制上絕對是只是代表小眾民情的民意代表，是培植政客的土壤而不是產生政治家的沃土。政客之所以為政客便是因為他們只着眼於在下一次選舉他們可以抓住的小眾選票以保個人權位，而沒有政治家的不計個人得失、宏觀務實以社會整體長遠利益為考慮。

在政改問題上，除了以本土為主爭取最大程度自治的民主理想的追求，也必須有政治家的視野，顧及國家主權主導的實際考慮。無視中央政府對香港政制發展有主導性的話語權，而單從本土為主、本地小眾選民訴求為先的政客思維出發，肯定帶來災難。香港不是沒有實權為元首的君主立憲的政治實體，而是擁有實實在在權力主權的中央政府授權下的高度自治。這是政治現實，泛民的老一輩政客有責任向年輕一代講清楚這不可改變的現實，而不是被小眾盲目的理想主義者牽着鼻子走，轉而鼓動年輕人罔顧政治現實，對政制發展抱有不切實際的幻想。

剛通過的人大常委會決定指明特首普選產生後，立法會選舉才可實行全部議員由普選產生。建制派幾乎肯定會接納對不理想的特首普選方案「袋住先」，泛民卻被激進理想主義者騎劫捆綁，希望一步登天，缺乏政治考量應有的彈性，聲稱否決特首普選方案，變相連立法會全部議員由普選產生的唯一機會也完全扼殺。

泛民政黨中民主黨 6 位立法會議員，任期最長的有 22 年，年紀最大的 62 歲，平均年齡 55 歲，年齡在 50 歲以下的在 6 位議員中只有 1 位。公民黨成立不足 10 年，但 6 位立法會議員，年紀最大的仍達 64 歲，平均年齡 52 歲，年齡在 50 歲以下的在 6 位議員中也只有 2 位。其他 5 個較小的泛民政黨的 9 位立法會議員中 7 位超過 55 歲，單從這些數字可以看出，在爭取民主路上走了 20 多年的泛民頭頭都是二次世界大戰後出生的 baby boomer。這一代人在物質缺乏的年代出生，成長的特色是很早便進入成年人的世界；在吸收新知識的同時，也接受上一代沉穩、踏實與具彈性處事的薰陶。按道理，baby boomer 政客理應是最實際和具彈性處理問題的。然而，令人驚訝的是在處理政改爭議中這些年近 60 或已過 60 的所有 baby boomer 泛民議員，竟然沒有一個展示應有的務實與彈性，而甘願被年輕激進力量挾持。

多次的民意調查，均顯示以實際著稱的香港人大多數是接受「袋住先」的。號稱代表民意的 20 多位泛民議員，竟然沒有一個反映這超過 50% 支持「袋住先」的民意，在泛民 23 位議員製作的政改民間報告甚而對這超過 50% 民意提也不提。別忘記，那是超過 50% 支持的民意。任何誠實的民意代表，都沒有可能漠視那超過 50% 支持的民意而當這民意不存在。泛民的取態，除

了都是自私地為了保住小眾選票外，實在再找不出其他的理由。自我膨脹得忘形的泛民，輕易地藐視侮辱這超過 50% 支持的民意，藐視侮辱超過 100 萬簽名的市民所表達的意見，還有甚麼資格號稱自己代表全香港市民？

泛民議員今年 4 月挾佔中聲勢在上海之行只顧做秀，視與中央政府官員溝通為兒戲；把應該是嚴肅認真的溝通談判，改變為爭取個人曝光機會的鬧劇；到 8 月驚覺市民已對他們的行為厭倦、反佔中力量形成，才急急要求與中央政府官員談判，突顯了泛民議員們徹頭徹尾的投機政客行徑。但即使如此，仍高舉虛無的國際標準為幌子，聲言對方不就範便佔中，以掩飾自己的虛偽。試問當今世界，政治談判哪裏會只有空泛的原則而沒有赤裸裸的實質利益內容的周旋、爭取、爭奪和交換？哪裏會只有堅持一己立場甚而連談判場地也堅持、毫不準備妥協的談判？即使到政改發展到拍板前夕提出談判，不再提中央政府官員早已否決的「公民提名」卻仍在談判中堅持空泛的「國際標準」，沒有實質內容放上枱面、沒有妥協的準備。這樣的談判，哪可能有結果？就如人大副委員長李非先生說，香港一些人講的國際標準，使香港陷入似是而非狀況，浪費了大量時間討論一些不切實際的主張，使要討論的問題反而得不到討論。這樣的談判策略和姿態，泛民如果不是無知，便是根本一直在擺姿態做秀沒有準備讓政改獲得通過，而任由特區政府在未來長時間繼續管治困難，而在這政府管治困難中撈取作為反對派的最大一己政治利益，以廣大香港市民的長遠福祉為代價。

佔中三子在佔中全民投票後曾經說政府不能漠視 70 多萬人

通過網上投票所表達的意見。作為民意代表的泛民議員卻可以隨意漠視甚而鄙視 140 多萬人親身簽名所表達的民意，漠視及鄙視多次民意調查所顯示，超過 50% 民意支持勉強接受即使是不理想的普選特首方案。一而再、再而三持雙重標準的泛民政客，有沒有過一刻曾認真考慮過另一方同樣有龐大支持的民意來檢視調整自己的立場？如果沒有，這樣的代表還能算是民意代表嗎？

泛民政客堅持所謂的原則的姿態，實在令人覺得可笑。至今泛民政客所做的究竟是為了原則，還是為了自己和自己政黨的選票？對於泛民政客在香港政改問題上罔顧現實不肯認真考慮與他們支持者持不同的意見，我只能引用被譽為開創現代保守黨的 19 世紀英國首相 Benjamin Disraeli 曾對同屬保守黨的英國詩人、劇作家和國會議員 Lord Edward Bulwer-Lytton 說的一句話來總結我對泛民的觀察：

"Damn your principles! Stick to your party."

（原文發表於 2014 年 9 月 14 日）

# 欠缺主權國家元素的國際城市

　　最近，特區終審法院就一宗非華裔居民申請永久居民身份核實被拒的司法覆核裁決，又一次突顯了香港這亞洲公認的國際城市中複雜而獨特的國家因素。

　　案件涉及一位未滿 18 歲在香港出生的菲律賓男童。男童的母親是在香港工作了 20 多年的家庭傭工，該菲律賓籍外傭也同時為申請永久居民身份核實被拒而申請司法覆核，於最後階段放棄訴訟，而讓兒子的案件上訴至終審法院。

　　終審法院維持香港入境處拒絕核實那外傭兒子永久居民身份的決定。雖然該持菲律賓護照的男童在香港出生後除多次短暫離港外，一直在香港居住，終審法院仍然裁定該菲律賓男童不具備按《基本法》第 24 條第 4 款有關非中國公民取得香港永久居民身份的必要條件，除需合法連續居港七年外，法院定下的兩必要條件是申請人亦必須提供他以香港為永久居住地的主觀意願及客觀事實證據。

　　在他母親放棄上訴的情況下，法庭不承認未成年人可獨立提供第 24 條第 4 款所需的主觀意願及客觀事實證據，所以敗訴。

　　這次未成年人在港出生非中國公民申請永久居民身份核實案突顯兩點：

（一） 香港作為中國一部分，適用中國國籍法，不容許雙重國籍，故在香港出生、父母並非中國公民的兒童，不可以通過在香港出生自動取得中國國籍成為香港出生中國公民而擁有永久居留權。

（二） 對於外國國籍人士申請成為永久居民身份的處理，香港也並不如一些國家般通過申請取得永久居民資格才入境居留；而是要先合法居留滿七年後才能以香港為永久居住地為理由申請成為永久居民。

同時值得注意的也有兩點：

（三） 在外國，外籍永久居民人士須住滿所需年期，再入籍居留國成為公民，才享有（主要是政治權利的）公民權利。在香港，除了任職政府高層與參選權的一些限制外，外籍永久居民基本上與中國公民的永久居民享有同樣的政治權利。

（四） 在外國，不入籍居留國的永久居民會因離開而喪失永久居民身份；在香港，外籍永久居民只須每三年到港一次便可永遠保留香港永久居民身份，繼續享有在香港（包括政治權利的）各項權利。

　　《基本法》有關永久居民的規定，是從殖民統治過渡到「一國兩制」的妥協結果。《基本法》詳列了香港居民的權利，但幾乎沒有說義務。《基本法》條文唯一明文規定香港居民須履行的義務，是遵守香港特別行政區法律（《基本法》第 42 條）。換句話說，即使是香港居民當中的中國公民，也毋須遵守中國憲法條文所提及中國公民須履行的義務。那些義務除了如內地獨有的計劃

生育、撫養子女及贍養父母、服兵役等義務外，也包括了維護國家統一和民族團結（憲法第 52 條）和維護國家安全、榮譽和利益（第 54 條）的義務。這些關乎維護國家主權的義務，《基本法》沒有規定香港居民或香港居民中的中國公民需要履行。

更重要的特點是政治權利。在任何主權國家，選舉中的投票權只賦予公民，單單是永久居民而不是公民並不享有投票權。但在香港，不具備中國公民身份的外籍香港永久居民除了不能出任特首、擔任政府要職及取得特區護照外，這些外籍永久居民在《基本法》規定下，可享有與具中國公民身份的香港永久居民同等的政治權利，包括投票選特首及立法會與區議會議員的權利，他們亦有參與選立法會與區議會選舉被選為議員的權利。這是任何主權國家的城市都不會有的特殊規定。

香港是一個名副其實的國際城市。根據 2011 年的人口普查，在超過 700 萬香港居民中，93.6% 為華人。其他大概 6.4% 為非華裔外籍人士，當中不少是擁有永久居民身份的非華裔外籍人士。除此之外，據不完全的統計，在香港擁有永久居民身份的華人當中，有高達 50 萬人擁有外國護照或外國居留權。

面對這樣多國籍的永久居民組合，加上《基本法》賦予非中國公民永久居民的政治權利，北京政府眼中的問題，就是對國家效忠的問題。面對近年來在香港社會年輕一代興起的去中國化趨勢，北京政府實在是無法安枕的。

這兩三年來興起的所謂本土意識，體現在一些年輕人公開在公眾場合針對和指罵內地來港人士。曾經有人批評這些年輕人同是中國人怎可以這樣公然歧視侮辱內地人，竟然有帶領這種歧

視的年輕人說他是拿外國護照的香港居民，他不是中國人。試想想，在哪一個主權國家會容許這種在本國國土讓外籍人士公然歧視侮辱本國公民的歪理畫面出現？

了解到香港《基本法》下永久居民的組成的特殊性、永久居民政治權利的特殊性和永久居民效忠的模糊，有助了解中央政府對於作為主權國家是否可以對香港進行有效管治的憂慮；也有助了解為何在最近的政改爭論中，中央政府再三強調在「一國兩制」中「一國」的重要。

不久前公民黨召集的一次英語會議錄音外泄，有人聽出竟然有美國人連同殖民統治前高官參與討論香港的反政府組織活動，討論焦點是怎樣增加社會對政府的仇恨，以組織動員各方力量來反對特區政府和中央政府。就如一位學者在報章評論說，從任何角度看，這已是革命組織行為，而不是一般民主體制下的政黨或政治活動。有人推動香港朝這方向發展，便是令北京政府不放心的原因。北京政府在政改問題上狠下決心要操控香港特首普選提名，從中央政府的角度來看有她的理由。歸根到底，香港並非完全自治，只是中央政府授權下的高度自治。

又以集合各民主黨派爭取落實普選特首的「真普聯」召集人鄭宇碩先生，被揭發持有澳洲護照為例。資料顯示鄭先生在取得澳洲國籍後本人主動放棄中國國籍。從任何主權國家的角度來看，一個主動放棄了本國國籍取得外國國籍的非本國公民，回過頭來在一個只有本國公民才有參選資格的選舉安排中，高調推動影響這安排的政治活動，試問哪一個主權國家會不嚴加提防？若在西方國家，質疑鄭先生的國家效忠取態是正常不過的。但在香

港中央政府或支持中央政府的人對鄭先生提出質疑，卻被說成了是政治打壓。

無疑，《基本法》賦予香港永久居民（無論是否中國公民）參與政治活動的權利，但正正也因為這一點，使中央政府須無時無刻都提高警覺。在現行主權國家元素模糊的憲制安排下，中央政府不能有法律依據要求香港居民效忠國家維護國家統一、安全和利益，不能有法律依據制約日益失控的反特區政府及反中央政府活動；在這憲制安排下，她唯一可以在法律框架下合法做的便是確保特首候選人是她可以操控的了。

不久前，終審法院前首席法官李國能先生曾經撰文說，香港的法官只有一個主人，那便是法律，也就是說包含了不少非中國公民的香港法官只效忠香港特別行政區法律，而不效忠任何宗主國。香港不論在殖民統治或「一國兩制」時代，均沒有要求效忠宗主國的傳統與習慣。而值得注意的是作為香港前宗主國的英國法官就任時需要作出的兩個宣誓誓詞，其一是對英女王及其王位繼承人效忠的效忠誓詞，其二是忠於法律履行職責的盡責誓詞。

在香港，特首就任的誓詞宣誓效忠香港特別行政區依法履行職責，向中央政府及特區政府負責。而行政會議成員、立法會議員及特區政府主要官員只宣誓效忠特區政府。連這些特區統治階層最高層的也是毋須宣誓效忠國家的。這說明了《基本法》是一部缺乏主權國家元素的小憲法。

在一次舊同學的晚飯聚會中，我對一位在特區政府任要職的舊同學說，其實讓泛民自由入閘參選，甚而當選特首並沒有甚麼大不了。由公民黨黨魁當特首或由梁振英當特首，對一般香港

人來說，分別不大。那天晚上這位特區政府要員一句說話提醒了我。她說就以處理逃到香港的美國中央情報局僱員斯諾登的事件為例，不同的特首，有不同的取態，在處理上便會有不同的結果。

根據《基本法》第 48 條第 9 款，特首獲中央政府授權處理對外事務。這是任何主權國家的一個城市的首長所不可能享有的權力。而特首對這條的執行涉及了國家主權、國家外交政策、國家對外關係與國家利益。

在「斯諾登事件」中，特區政府以美國政府送來要求引渡斯諾登回美國的文件上，斯諾登名字排序與長短寫與斯諾登入境的名字記錄不一樣為理由，要求美國政府澄清，拒絕即時將斯諾登拘捕，而就在這等待澄清的時間，讓斯諾登可以離開香港到俄羅斯。

處理如斯諾登般的事件，在正常國家是純外交問題，國家外交部派人接手處理，事發城市市長根本無緣置啄。而在香港，事件變成了既是主權國家的外交問題也是執行本地法律的問題，在處理這類事件的關鍵時刻，獲中央政府授權處理的特首是甚麼樣的人？會以外交為首要考慮？或是依本地相關的引渡法律為先？從中央政府的角度看，絕對重要。而在中央政府眼中，香港這中國境內最國際化的城市，回歸以來長期所缺乏、漠視和忽視的便是高度自治下的主權國家元素。個別激進人士長期意圖以各種方式挑戰國家主權，更是導致中央政府在 2017 年普選特首問題上收緊對港政策的重要原因。

在中國主權下的香港居民沒有效忠宗主國的傳統與習慣。香港居民有鼓吹分裂國家和鼓吹港獨的言論自由，而沒有維護國家

統一、團結與安全的義務。香港大學學生會刊物《學苑》今年 2 月便以 20 頁紙專題，提出「香港民族、命運自決」的港獨主張。如何令中央政府放心國家統一和國家主權不被挑戰，就與如何使香港市民放心應享有的自由與權利不受侵蝕一樣重要。如何達致兩者的平衡，將是香港政制繼續發展必須面對的重要課題。

（原文發表於 2014 年 10 月 19 日）


篇後記：

2015 年 1 月特首梁振英先生在他的施政報告中第一次點名批評港大學生通過《學苑》鼓吹港獨主張，被認為是揭開了港獨的潘朵拉盒子。其實我比他還要早三個月在這篇文章便點出港大學生的港獨傾向，並且在 2014 年 12 月〈請救救香港的年輕學生〉文章中介紹了港大學生在 2014 年 2 月發表的「香港民族、命運自決」主張和 2014 年 9 月在《學苑》發表的香港獨立宣言。

# 如果這仍不算是暴民，
# 怎樣才算是？

　　2003 年 12 月 SARS 剛過去不久，香港在糾纏於《基本法》第 23 條立法與民主抗共的迷思中，我參與了在廣州召開的第三屆中國全國律師論壇。論壇的第二天，時任北大法律學院教授的知名學者賀衛方教授在論壇發表演說，談及普選民主。當時他在演說中倡議沒有民主的中國讓香港首先進行全面民主選舉作為實驗。他說若在香港證明成功了，在國內便可以逐步開展，若在香港證明普選民主失敗，那麼中國便不用再想了。

　　敢言的賀衛方教授在 2007 年（有說是被迫）離開了北京大學，2009 年短暫被調到新疆，在那裏繼續發揮他的影響力，2011 年才再回到北大。

　　20 多天來為爭取真普選而匆匆開始的佔中和接着發生的事，相信可以使賀衛方教授很清晰的看出，從維穩不要出亂子的角度出發，一直堅持一黨專政的中國共產黨絕對不會以香港的民主發展為國內民主發展的楷模，賀教授可以為他構想以香港為實驗場和楷模的中國民主路畫上句號。

　　這 20 多天來一夜又一夜在旺角街頭、政總外龍和道的佔中

暴力和是非顛倒，一頁又一頁地展示香港的民主素質被一小撮暴徒挾持而大倒退，還怎能如同賀教授所期望那樣說服北京，對北京說香港便是中國緩步邁向民主的示範？很可惜，為賀教授以香港為實驗場和楷模的構想畫上了句號的，不是民主選舉的內容，而是爭取民主選舉手段帶來嚇怕人的暴力和混亂。

佔中三子一開始便說佔中是愛與和平、是非暴力的。他們籌劃了一年多，反覆訓練佔中死士如何和平不反抗地被拘捕，以展示非暴力的偉大感染力量。然而，結果是怎樣？龍和道外，有人衝出馬路，惡意堵塞道路，有人踢樽出馬路製造混亂，三位警員制服了踢樽出馬路的人要將之帶走拘捕，200名佔中人士起哄包圍警員，大叫「放人！放人！」步步進逼三位警員，更有人衝擊正在制服被捕人士的警員，要警員拿出警棍防衛。試問這是和平不反抗地被拘捕嗎？這是和平非暴力嗎？

佔中三子當初說被拘捕時會不反抗的諾言去了哪裏？電視新聞看到的是佔中者不單違反諾言被捕不反抗，他們更以暴力阻止警方依法拘捕滋事分子。我想問問一直口說和平的組織和領導佔中的人，看看那些舉起雙手但轉個頭來向警員淋液體、拒捕、搶鐵馬、衝出馬路堵路、包圍行使警員職權的人，他們的行為與暴民何異？他們這樣地公然違法，公然架設路障、堵路和包圍衝擊警員、侵犯其他市民權益，究竟他們是示威者還是暴民？旺角一位點心師傅一家三口飲宴後回家，發現大廈門口被路障堵塞，希望移走路障時被堵路示威者拳打腳踢及被金屬棍和雨傘攻擊，打至右手骨折（10月19日《東方日報》），這些所謂示威者還不算是暴民，怎樣才算暴民？是不是要等他們砸搶店舖才算暴民？

我也想問問組織和領導佔中的人，這些暴民中有多少是學生？你們與他們是否同一陣線？如果是的話，請你們、特別是佔中三子告訴我，你們向市民說佔中是愛與和平的承諾是否已不再遵守？如果這些暴民不是你們的同路人的話，那請你們誠實地高聲響亮地向市民說這些暴民的行為你們不同意、這些暴民不代表你們，以保持你們的運動的純潔。

　　在將軍澳，支持你們的報紙被一批收了錢的人圍堵阻報紙發行運出。報紙老闆依法向法庭申請禁制令，勒令這些收了錢圍堵他們的人離開。在旺角，一大批暴徒佔據馬路，阻報販賣報紙，警員到場同樣依法要這些人離開。這份為了自己順利發行而依法申請禁制令的報紙究竟是用怎樣的雙重標準在輿論上支持暴徒阻塞馬路、阻礙報販賣報紙，以及阻礙百多條巴士線正常運行和數以萬計的人的正常生活？掌握了輿論公器的，可以依法請求法院維護權益；警員為維護那可憐的報販的權益而筋疲力盡，依法執法驅趕暴徒卻要被掌握了輿論公器的天天一面倒地批評謾罵。是非黑白顛倒如此，這是我們熟悉的香港嗎？

　　組織和領導佔中的人，你們有崇高的理想，市民都清楚知道，相信很多人也非常支持，但拿着你們崇高口號的一些人在旺角街頭、在銅鑼灣、在龍和道正在做的卻是無底線地肆意侮辱挑釁警員、無止境地肆意破壞法治、破壞社會秩序、侵犯別人權利的卑劣行為。

　　別再對我說那是因為政府不談判、那是因為梁振英政府傲慢而引起這些卑劣行為等等的話，那都不可能是辱罵挑釁和暴力衝擊警員、蓄意違法、破壞法治、破壞社會秩序和侵犯別人權利和

打至別人骨折的藉口；也別用崇高的理想和目標去 justify 暴徒的暴行。要爭取達到崇高的理想和目標，不是這些卑劣行為的藉口。就如即使被人淋了液體、被辱罵挑釁，也絕不能成為警員私刑毆打淋液體辱罵挑釁警員的人的辯解一樣。佔中的組織者，別再包庇暴力和犯法行為、別再老是把責任推向別人，再重複說把責任推向別人的歪理話，只能顯示那是蒼白無力狡辯的廢話、只顯示說這些話的人的虛偽和不負責任。

印度聖雄甘地為爭取脫離英國獨立而在 1919 年開始的非暴力不合作運動，1922 年北方邦的不合作運動引發了民眾與警察的暴力事件，甘地毫不猶豫即時中止不合作運動。佔中三子奉聖雄甘地先生為他們的楷模。他們願意在這暴力正在蔓延失控的時候展示他們效法聖雄甘地的氣概立即叫停佔中嗎？還是他們仍在盡情沉醉享受在演講台上接受台下萬人歡呼的亢奮？

很普通的市民都可以看出，佔中運動已經變了質。從求真普選要求撤回人大決定、到要求梁振英下台、到要求查警方與黑社會合謀使用暴力、到繼續佔領只為了對話、為了僅僅要在公開對話中與政府官員對質。佔中運動已迷失了方向，然而隨佔中運動迷失方向而賠上的卻不單是應付暴徒的以千計警員的疲累、以百計受影響商販的生計、以十萬計市民的困擾和不便，賠上的更是香港的法治和香港市民知法守法的優良傳統。

別再用「政治問題政治解決」的語言偽術來迴避憲制框架、法律基礎和必須知法守法的法治精神的最基本政治倫理和現實。懇請參與解決問題的人都以理性面對這最基本的政治倫理和現實，為已步向暴力大規模地視法律為無物的運動尋回尊嚴。

香港今天變成這樣，發起和領導這場運動的人，你們仍可以簡單地把責任推向梁振英先生、把責任推向警隊和政府、在佔中終結時選擇你們認為適合的罪名去自首，把引致今天香港亂局的責任推得一乾二淨。但撫心自問，今天的亂局，你們真的認為你們一點兒道德上的責任都沒有嗎？

（原文發表於 2014 年 10 月 20 日）

# 佔中違法治　公義難自圓

香港的佔中運動已進入了曠日持久之勢。

隨着佔領一天天過去，產生對市民的騷擾、對經濟負面影響的一天天蔓延擴大，市民對佔領人士包括主導的學生的支持、包容與忍耐亦迅速消失。而廣大市民不再包容與忍耐佔中者，很大程度亦是因為佔中一個多月，引發了社會對佔中議題以至佔中理念與手法的廣泛而深入討論，在這過程中佔中人士所持理念與手段上的盲點、甚而歪理逐步一一暴露和突顯。

以學聯秘書長周永康同學接受無線電視訪談為例。觀眾看到的是他滔滔不絕地、不斷自我麻醉脫離現實地說佔中者都是和平的，暴力發生責任全在警方；自我麻醉說佔領持續霸佔道路的違法行為、阻擾警員執法、公然違反法庭禁令並不構成破壞法治；自我麻醉說只要佔中完了去自首便不單不構成破壞法治，反而是彰顯法治。周永康同學所言簡直是匪夷所思的歪理。周同學被主持人反問一句是否只要自首便甚麼法律都可以違反時，便無言以對；又再重複已說過但絕大多數聽的人都認為是絕對是歪理的歪理。

根據周永康同學的說法，道理是：我堵路，你不可來驅趕我；我在違法，你別來執法處置我；只要我完成了我的違法行為

去自首便不單沒有破壞法治，反而彰顯了法治。如果是這樣，那些被指非禮佔中者的人，是否又可以對警察說你別管我，等我非禮完了去自首便沒有破壞法治，反而彰顯了法治，但你得先讓我完成非禮的違法行為。這種完全的歪理，出自一個大學生的口，真叫人慘不忍睹。對這種歪理，周同學唯一解說的藉口，是他所說的他們違法的行為是完全為了公義，所以公眾必須容忍他們，法律也必須容忍他們。按周同學的道理，口號叫得響便可以違法，這簡直是完全顛覆了香港一個半世紀以來的法治觀念。

美國德州參議員 Ted Cruz 的父親及導師茶黨極右分子、曾說要把奧巴馬總統送回芝加哥、送回肯尼亞和送回印尼的 Rafael Cruz 便曾經說："Social justice means you are ruled by whatever the mob does. What social justice does is destroy individual responsibility."

佔中發展至今，佔中人士一而再持續的違法行為，正正便為如 Rafael Cruz 這種否定社會需要公義的極右觀點添上彈藥，推出市場向那些備受違法佔中困擾的羣眾推銷使他們接受，使追求社會公義的民情倒退，而不是向前。這與佔中原來喚醒羣眾關注社會公義的理念背道而馳。

甚麼是「公義」？眾說紛紜。英國經濟學家和政治哲學家、1974 年諾貝爾經濟學獎得主海耶克（Friedrich Hayek）便說社會公義是 empty formula，他說："Social Justice is an empty phrase with no determinable content."

不同的學者對甚麼是公義有不同的理解，從美國政治哲學家約翰・羅爾斯（John Rawls）的社會公義即保障平等權利和保障

弱者的理解，到英國政治理論家大衛‧米勒（David Miller）的多元環境因素決定社會公義內容的論述，事實上每一種對公義理解都可以是嚴謹的學術研究，每一種對公義理解的論述都可以獨立成書。而不同的人對公義的內容也有不同的理解。佔中三子之一戴耀廷先生教學生的便是「有法必依、以法達義」，雖然他同時也很奇怪地把法律分為高低層次來決定是否需要遵守。現在更奇怪的是一下子變成了「公義」二字很空泛地出自某一些的人的口，便可以法律也不顧？

最近與幾個現在於香港大學就讀的學生談起佔中，這些年輕人都贊同以不合作運動或公民抗命以達致社會公義的理念。我對他們說若不惜以違法方式爭取公義，那麼，甚麼是公義必須清晰，不能有任何灰色地帶。違法的不合作運動鼻祖是印度聖雄甘地為結束英國統治印度的不合作運動。甘地的不合作運動目標清晰而且黑白分明、沒有任何灰色地帶 —— 那是要英國人必須離開，沒有任何中間落墨的其他選擇或討論空間；而且這目標必須幾乎是全民的共識，而不只是一部分人的訴求。

以聖雄甘地的不合作運動目標來看今天香港佔中違法行為所希望達到的「公義」目標，可以看出佔中違法行為要達到的「公義」目標，從初始的真普選到最近的多元訴求，每一項都不是非黑即白而是充滿可討論空間的，而那些訴求也並非全民共識的訴求。

以真普選為例，為甚麼只有堅持公民提名才可以達致真普選？單這一點即使支持真普選的人也有很多持不同意見的。如何達致真普選，亦可以有不同時間表，為甚麼一定要如佔中者所提

的一定要一步到位達到？為甚麼只有公民提名、只有一步到位達致真普選才算是不惜違法爭取的「公義」？如果大多數市民根本不同意那是別無其他選項的唯一選擇，佔中者如何可以說服大多數人支持他們為求達目的不惜違法影響他人的做法？事實是，佔中發生前超過 150 萬人簽名反對佔中。佔中組織者也反覆說他們的訴求是 70 萬人的訴求，正正便顯示了佔中者的訴求只是一部分人的訴求。把一部分人的訴求強加諸於大多數人身上，怎可能是行「公義」的「公民抗命」？

到佔中後期，學聯所提以繼續違法爭取的「公義」更擴展到包括要特首梁振英先生下台、要調查警黑勾結。把這些很多人根本不同意的議題提升為不惜以繼續違法達致的「公義」層面，無疑把「公義」二字濫用，貶低了「公義」二字的真正含義。

去年 1 月戴耀廷先生提出佔領中環以達到他心目中的崇高政治訴求，幾個月過後我曾經在文章中問為達到某一些人認為是崇高的訴求可以 justify 違法行為，那其他同樣有人認為是崇高的訴求呢？

當時我問： Where do we draw the line？

今天，我要說的是：You can't even draw the line!

實例已顯示得非常清楚：先是真普選、公民提名、繼而撤回人大決定、然後梁振英下台、調查警黑勾結，全都是佔中領導者提出不惜繼續違法以求達到的目標。學聯與政府官員對話後，要求政府補充報告必須提出這樣那樣。究竟這些再三改變的訴求是大多數人都共識同意可以繼續包容以違法手段達到的「公義」目標，抑或僅僅是少數人為延續佔中的藉口？

佔中者繼續違法霸佔馬路、拒不執行也阻擾別人執行法庭禁制令已不再關乎「公義」。佔中已淪為刁民的長期霸路行為，再提甚麼「公義」，只玷污了「公義」二字。

從社會層面看，一些學者及評論員已提出佔中運動錯失了多次退場的機會。支持佔中的政黨、政客及一些民主派元老亦為佔中的曠日持久，不斷消耗民眾的忍耐力和不斷消耗這些支持佔中政黨及政客的民眾支持感到憂慮。

另一邊廂，港府卻似乎不介意與佔中人士打消耗戰。道理十分簡單，輿論上，由於傳媒明顯偏袒佔中運動，港府在輿論戰已一直處於下風。在政府而言，已沒有甚麼可失。

而對學聯及佔中三子而言，他們只是學生及學者，不求政治利益。即使深知自己的行為不為大多數市民接受，仍可以以秉持理想而自圓其說，加上媒體的普遍同情偏袒，從不公開嚴加質問責斥，使他們在輿論上並不如政府或警隊需要承受到特別大的壓力。由是者，廣大市民反對由他們反對，反正佔領區的一小撮人要留守便留守，使由極少的一小撮人把持的佔領道路影響差不多全港市民的運動變成尾大不掉。

佔中完了學生學者重返校園、政府 business as usual。政黨及政客要考慮的卻是下一次的選舉。泛民政黨及政客對佔中押下注碼不能割切，又不敢公開勸學生退場，進退失據，泛民政黨及政客不斷講理想與公義，對佔中者持續違法行為卻至今立場閃縮模糊。

佔中由政治問題引發，持續下來的卻是法治問題。無論佔中口說的理念有多崇高，政客不與違法行為割切只能是與絕大多數

具有知法守法優良傳統的香港市民為敵。對於心懷理想入世未深的學生的狂妄，市民可以不計較。但對於作為民意代表的政客，市民肯定要求他們拿出一個說法。不管政客對佔中背後的崇高政治理念持甚麼立場，作為民意代表的所有政客必須對這種實實在在阻擾市民日常生活、損害香港經濟的與民為敵的違法行為有一個態度、有一個說法。

理想與公義說過了，現在就是要所有政客就法治給予市民一個態度、一個說法的時候了。

（原文發表於 2014 年 11 月 16 日）

# 請救救香港的年輕學生

　　由三子經一年多策劃的「佔領中環」，忽然被學生主導了整場運動。學生的熱情、衝動和近乎狂妄，使一些人、特別是老一輩的人突然發現香港出現了前所未有的世代矛盾。以萬計的年輕人擁到街上，帶同怪異的想法和行為，一下子香港對一些人來說變得陌生。

　　香港的民主運動自中英就香港前途開展談判至今 30 多年，都是那些熟悉的口號、熟悉的面孔。2014 年由學生帶出的新氣象使很多人錯愕。很多人對於這些年輕人的理念、訴求以至行動的綱領和策略顯得陌生和不理解。一個原本由兩位學者、一位牧師策動、由政黨和一些政客配合與支持的運動，忽然變成了純由一批年輕學生主導獨力承擔的運動。由部署、策略至實施，由雨傘到營帳均有計劃有步驟地執行，使一些人質疑這場學生主導的運動背後有外力甚而外國勢力策劃和支持。

　　時任學聯秘書長周永康同學曾任 2012-2013 年度香港大學學生會刊物《學苑》副總編輯，之後在 2013 年任港大學生會外務副會長。戴耀廷先生提出佔領中環後四個月，由於換屆而延遲出版的 2013 年 5 月號《學苑》以「佔領中環 香港革命」為專題提出學生對佔中的看法。在其中一篇文章〈佔領中環 2.0 全民起義統一

陣線博弈制勝智取中共〉詳細論述了學生對佔中目標和策略的看法。他們在一年半前提出的策略驚訝地與剛發生的佔中非常相似，剛發生的佔中就如是按一年半前寫好的劇本演出一樣。

簡單來說，文章提出幾點：

（一） 以佔領中環為契機團結所有香港人。

（二） 紮營於中環的要道，面對解放軍總部和添馬艦，以「廣場政治」挑戰極權。

（三） 癱瘓中環直至中共讓步為止。

（四） 封鎖主要幹道，不論如何皆不可被清場。

（五） 要封鎖主要幹道不是中環心臟地帶，而是夏慤道、金鐘道和新建的龍和道。

文章作者提出這些策略的想法是要逼使中共面臨讓步還是鎮壓的兩難，而這些希望以激進策略達到實質結果的想法，與三子佔領中環心臟地帶被動地等待被捕，作為道德感召的理想顯然有很大的差別。

從學聯與學民思潮率先發難的佔中至今，從佔領的路段以至學聯一直堅拒撤退，到最後一擊的包圍政府總部，與之前在《學苑》所述的完全吻合。可以看出年輕的大學生們對佔中早在一年半前已有了他們的一套看法。只是一直以來，他們的看法被忽略和忽視。事件發生後，我們只簡單地對這些年輕人的鹵莽行為批評，甚而簡單地把他們的行為打成為受外力慫恿或操控，而不深入了解這些年輕人的行為背後萌芽已久的理念。作為他們的長輩我們必須承認我們思想上的怠惰。

大學生們從開始便不同意佔中三子的理念。

人大在 8 月 31 日決定「落閘」，佔中尚未開始，2014 年 9 月號的《學苑》在封面宣告了「香港民主獨立」。這一期的「苑論」題為「中共絕不是上帝」。文中猛烈批評「佔中三子跟港共一樣，俯伏在地上仰望中共，追求民主，卻沒有獨立人格、獨立自主意識，實在荒謬。中共之所以高高在上，不是中共崇高，而是自己一直在俯伏在地上。」文章提出「香港民主運動要根本改變，民主回歸論死亡；『香港民主獨立』應運而生，香港新的民主運動是將香港獨立訴求與爭取民主連成一線。」

具有濃烈港獨傾向的年輕學生強烈批評傳統民主派的「民主回歸」，他們認為「民主回歸」為香港帶來了兩種主導了香港 20 多年的民主議程，這兩種議程是：一、中國無民主、香港無民主；二、香港人只可在「一國兩制」框架下爭取民主。這些年輕的學生認為「香港本土意識興起，主因是香港人摒棄了『中國無民主、香港無民主』的大中華意識。」

事實上，以香港為本位的看法早在 2013 年 5 月的《學苑》已提出，他們提出「佔領中環必須是一場以香港為本位的民主運動，港人須放下民主中國和民族主義的包袱，建設民主香港、落實雙普選刻不容緩，『一個自由平等的國家不是由一羣奴才去建立』，民主中國更不是由港人站在高地販賣愛國激情就能建成。」

這些處處顯露本土意識、擺脫中國，追尋某種形式的香港獨立的思維，究竟有多少年輕人支持？

《學苑》在 2014 年 2 月號中報告港大學生民意調查中訪問了 467 學生，顯示政治取向中認為自己是屬於傾向港獨「本土派」的學生高達 48%，而認為屬於民主回歸的「大中華」派的只佔

15%。調查雖然顯示 68% 的受訪學生認為維持「一國兩制」是適合香港的政體，但矛盾的是當被問到「如果明天香港舉行公投表決『香港應成為一個獨立國家』，而結果將受北京承認」選擇贊成的有 42% 與選擇反對的 41% 不相伯仲。而同一問題問表決「香港成為一個獨立國家而結果將不受北京承認」時選擇贊成的受訪學生仍高達 37% 而反對的則只微升至 43%。

民調結果顯示相當比例的年輕學生，無論北京贊成與否，他們都傾向贊同香港獨立。

事實上，2014 年 2 月號的《學苑》的專題便是廣為人們談論「香港民族、命運自決」。其中一篇文章說本土意識是港人抗爭的唯一出路，指出「若我們相信香港應是一有別於大陸、有言論自由之地，那我們自然應該有主張及鼓吹港獨的自由。」

電視新聞中看到佔中的年輕人被問及何時退場時，他們均回答沒有實質爭取到的成果時不會撤離。年輕學生將香港獨立的訴求與爭取民主捆綁在一起，並且不惜以沒有底線的「官方沒有實質讓步便誓不罷休」的抗爭方式去堅持他們的訴求，並不是佔中三子原來的設計。

對於佔中的作用，佔中三子之一陳健民先生曾說「有張力才會有談判發生，而佔中便是要製造這種張力。」但年輕學生眼中，充滿妥協可能的談判並不是他們的選擇，他們要的是一場迫使對方就範的革命。

在年輕學生眼中，傳統民主派面對強大的中共政權過於軟弱和退讓。2014 年 9 月「中大學生報」提出「政改運動危在旦夕，我們需要的不是坐下談判的『氣度』，而是抗爭的勇氣，政黨與

三子必須改變這種以退讓、談判為主的路線，否則大家應拋棄他們，以更為激進、直接的行動，衝擊這場沉寂的抗爭。」

年輕學生對政改悶局不耐煩，學聯副秘書長岑敖暉便在2014年9月的《中大學生報》中說「三十年來民主真正的力量不在三子，而在於每一個人，你去參與抗爭，你坐在馬路，那才是真正的力量。」

年輕人選擇了偏離傳統、拒絕妥協的抗爭，與傳統民主派的抗爭方式大相逕庭。他們是土生土長的一代，摒棄了傳統民主派的民主回歸大中華情懷，以濃烈的本土意識一併主張民主與獨立，吶喊「香港民主獨立」。當有如港大學生民調所顯示高達40%的年輕學生贊同這種主張的時候，對於整個社會，這將是一個令人擔憂的訊號。

激進的港大學生喊出的「佔領中環、香港革命」、「香港民主獨立」究竟是年輕人浪漫的激情？抑或是願意為之付出青春終身爭取的理想？

那是關乎整代人的問題。學民思潮的黃之鋒同學對不怕共產黨、怕了年輕人的年長一代說，他們可以「移民到一個沒有共產黨的地方，但不能移民到一個沒有年輕人的地方」，他說他們這一代將主宰上一代人的命運。他說得對，他們這一代不單想主宰上一代人的命運，也想將主宰香港的未來。

在這沒有權威的年代，作為這些年輕學子的上一代的我們，絕不應該向他們灌輸我們那些可能已過時的偏見和執着，但我們必須讓他們承傳我們那些人生閱歷累積起來的經驗和智慧。

佔中民意逆轉，一個又一個年輕學生被拒入境內地。香港人

今天在目睹的是一場羣眾廣泛參與的民主運動，正在演變成為將會犧牲一代年輕精英不可能成功的布爾什維克革命。

我們欣賞年輕人有理想而且甘願為理想無私付出，但也必須對他們說出殘酷的現實是他們正走進一條沒有出路的死胡同。政客為一己政治目的不負責任地對年輕人脫離現實的想法、有悖常理與人倫的做法不加勸誡，佔中學者為自己的飯碗回學校教書但讓這些學子繼續在街頭曠課。作為局外旁觀仍有良知的大多數港人，究竟應否仍保持沉默，對這充滿熱情的一代人一些脫離現實的想法仍不聞不問不置可否、對他們想歪了的歪理不加斥責、對他們有悖常理與人倫損害自己的行為仍無原則地包容，還是抑或應更主動多了解他們、更明確地面斥他們的謬誤？

對於共產政權我們可以有持正不苟地「是其是、非其非」的勇氣；那麼，對於走了歪路的學子，我們也必須有愛之深責之切地「非其非」的真誠。

救救我們的學生，他們真誠希望為香港帶來改變，但想法與做法脫離了現實。我們對學生們「非其非」的目的不是希望改變他們，而是懇請他們暫時停步，希望讓這些充滿熱情但疲累不堪的同學們，有一個停下來反思和反省把前路看得更清更遠的機會。

（原文發表於 2014 年 12 月 14 日）

# 香港版「廣場政治」運動

　　我在 12 月初出版的《亞洲週刊》曾經指出，9 月底由學聯及學民思潮率先發難，之後由雙學主導的「佔中運動」由策劃到背後的理念，其實早已在一年半前港大學生會會刊《學苑》已有非常詳細的論述（2013 年 5 月號《學苑》）。

　　學聯秘書長周永康同學為 2012 年至 2013 年度《學苑》副總編輯。佔中期間，周永康同學的言論，離不開說運動是「對準政權」、「向政權施壓」等充滿港獨色彩的言論。而這一類港獨傾向言論正正便是在 2013 年 5 月號《學苑》及以後幾期《學苑》均有詳細論述的主張（參閱 2013 年 5 月號《學苑》的〈佔領中環 香港革命〉、2014 年 2 月號《學苑》的〈香港民族 命運自決〉、2014 年 4 月號《學苑》的〈2046 香港盡頭〉、和佔中爆發前夕出版的 2014 年 9 月號《學苑》的〈香港民主獨立〉）。

　　其實，佔中發生後，內地官方媒體已直指被西方媒體宣傳為「雨傘革命」的佔中運動，為港版的「顏色革命」。

　　「顏色革命」一詞源於 2004 年在烏克蘭首都基輔發生的「橙色革命」。當年 11 月為數達 50 萬人聚集在獨立廣場（Maidan Nezalezhnosti 亦稱 Independence Square）紮營，抗議由親俄羅斯的亞努科維奇（Viktor Yanukovych）勝出的總統選舉在選舉中舞

弊。最後導致烏克蘭最高法院介入頒令重選。重選結果由以橙色為象徵的反對派尤先科（Viktor Yushchenko）以 52% 對亞努科維奇的 44% 選票勝出。尤先科勝出後在獨立廣場舉行公開就職儀式，象徵「橙色革命」以勝利告終。

烏克蘭的「橙色革命」的焦點一直在首都基輔的獨立廣場（Maidan Nezalezhnosti）。因此產生了一個新名詞叫 Maidancracy（廣場政治），意思是指為反對現政權以通過羣眾大規模於國家首都心臟地帶聚集謀求改變政權、或改變政府組成、或改變政府政策的都稱為「廣場政治」。

2013 年 6 月在英國蘇格蘭愛丁堡舉行的 TED 環球會議以一篇《中國崛起與「元敘事」的終結》（China and the End of Meta-Narratives）為題演講而一鳴驚人的李世默先生稱 Maidancracy 為「廣場治」（Rule of the Square）。李世默先生將「廣場治」（編按：是李世默用的詞語，不是「廣場政治」）的共同特徵歸納為：

（一）　民眾對現狀或未來走向有所不滿；

（二）　普羅參與者大多出於善意，但這種運動通常由抱有強烈意識形態的政治運動家所領導；

（三）　媒體搖旗吶喊、煽風點火使局勢惡化至不可收拾；

（四）　「民主」是必然打着的旗號。

「廣場政治」在烏克蘭弔詭的是，在 2004 年重選失敗親俄的亞努科維奇在 2010 年的選舉中勝出奪取總統寶座，並在勝出後將 2004 年「橙色革命」後的憲法取消；引致 2014 年 2 月另一次「廣場政治」運動發生。反對派為要求恢復 2004 年憲法及抗議亞努科維奇政府中止為烏克蘭與歐盟結盟的協定簽約準備工作，而

進行另一次革命。「廣場政治」再次發揮了它的威力，20 萬人聚集在首都基輔演變成烏克蘭各地佔領政府建築物的革命，結果是亞努科維奇倒台出走。

由學聯主導，剛完結的佔領中環，是具有濃烈港獨傾向理念推動的港版「廣場政治」運動。

《學苑》為佔中定下的綱領為以「廣場政治」挑戰極權，並希望以此引發內地台獨、疆獨、藏獨等各種反共勢力興風作浪，而迫使中共為止蝕避免對國民失去控制，把損失控制於深圳河以南，而在香港普選問題上讓步。（見 2013 年 5 月號《學苑》第 24 頁）。

「廣場政治」運動的威力是通過足夠數量的民眾對國家首都心臟地帶的癱瘓，可以迫使一個或是獨裁的、或是貪腐的、或是非民主產生的政府倒台。「廣場政治」形式的革命有別於 19 世紀與 20 世紀上半世紀的武裝革命。原因是現代文明社會資訊發達，執政的政權無論如何獨裁，均已無可能不受克制地使用武力鎮壓反對力量。「廣場政治」一詞在 1989 年仍未出現，但 1989 年 20 多萬聚集在北京天安門廣場的學生進行的民主運動實質上便是「廣場政治」運動，也是唯一執政政權以武力鎮壓完全成功的一次。除此以外「廣場政治」運動的結果往往循幾個必然的軌迹發展。

除了烏克蘭兩次親西方力量通過「廣場政治」運動推倒親俄總統外；又如 2011 年埃及首都開羅塔利爾廣場（解放廣場）以「廣場政治」運動，推倒執政 30 年的穆巴拉克獨裁政權，但之後 2013 年親美國的埃及軍方卻以政變方式，推倒經合法選舉產生

的穆斯林兄弟會政府。

又或者如敍利亞般的反政府運動遇到血腥鎮壓，引發內戰。又或如泰國的紅衫軍黃衫軍般反覆在首都曼谷糾纏，令國家陷入無止境的紛爭。「廣場政治」形式的革命的另一類結果，體現在1986年菲律賓的「人民力量」革命，聚集在首都馬尼拉的羣眾迫使軍隊拒絕執行鎮壓的命令，導致獨裁的馬可斯總統出走下台。

「廣場政治」運動的威力，不單在於可以通過只佔整體人口比例極少數的民眾的堅持，以最少的暴力，便可以推倒一個貪污、腐敗、獨裁或非民主產生的政府，也在於它也同時可以推倒一個經合法選舉產生的政府。也因如此，「廣場政治」便被指為西方國家顛覆一些西方國家不喜歡的小國政府的工具。

面對「廣場政治」運動，歷史已經證明在現今文明社會，一些小的國家在處理上可以的選擇不多。可以想像，一個三數千萬人口的國家，當有20萬到50萬羣眾聚集在她的首都的心臟地帶誓不罷休地提出政治訴求。這些國家，即使動用了首都的全部警力，也無法處理。結果便只有兩個，一是出動軍隊實彈鎮壓，一是就範於聚集羣眾的要求。而事實上，第一種選擇並非可行的選擇，因為實彈鎮壓的後果帶來的將是內戰或國際制裁。兩者任何一種情況發生，這些小國家均無法獨立運作下去，要麼便是政府倒台，要麼便是被外國干預勉強支撐下去，延續的卻是沒有盡頭的紛亂。

「廣場政治」是小國政府，特別是缺乏認受性政府的噩夢。西方媒體美化「廣場政治」中的佔領者及妖魔化被佔領者反對的政權，往往促成了「廣場政治」運動必然向某一特定的方向發展。

香港不是一個小國家，只是一個小地方。一些激進年輕人以「廣場政治」為師承手段，以擺脫中國用本土本位為名走向獨立為綱領，意圖以「對準政權」對着幹的思維和手段帶領羣眾向特區政府及中央政府施壓，罔顧對手的強大和大多數香港市民仍未有接受港獨思維的政治現實，顯然是幼稚和盲動的行為。

　　長達 79 天的佔領運動，不單暴露了這次運動領導者的幼稚和不成熟，也使廣大市民有一次很好的機會，精細地看清了一些本地媒體、掌握輿論公器的評論員、一些貌似中立的學者的不專業不公正言論，和一些號稱維護法治的律師和法律學者提出的大量有違法治精神的歪理。那是一次非常好的公民教育，教育市民挑戰和批判的不單是政府官員的權威，也挑戰和批判這些他們每天都聽到的意見領袖的偏頗言論。

　　一位在香港定居的上海律師朋友，從電視新聞看金鐘清場直播時發短訊給我這樣說：「全世界最文明的警察就是香港警察。對不反抗的都不上銬，願意走的自己走，賴在地上不肯起來的四人抬走，一個一個拉的時候反覆叫被拘捕者配合，做思想穩定工作，沒有一個國家的警察會這樣吧。今天見證香港歷史的重要一刻。」

　　佔領初期，很多同齡朋友對我表達他們的憂心忡忡，我對他們說：「也不用太擔心，因為我深信 in the end, common sense reigns.」在香港佔領運動過程中大多數香港市民所表現的守法、理性、耐性、包容和心清眼亮明辨是非的同理心，到絕對和平的結束方式，不單是包括了佔領者、香港警察和香港市民在內的香港人的驕傲，也給世界做了一個處理「廣場政治」運動的典範。

也許，將來某一天在某一個國家在發生「廣場政治」運動的時候，香港的經驗足以給他們在考慮該如何處理時，提供一個很好的參考。

（原文發表於 2014 年 12 月 19 日）

# 千里之行　始於足下

　　政改的第二輪諮詢開始，但泛民各黨派早已表明捆綁投票，運用否決權否決特區政府按人大常委會 8.31 決定提出的 2017 年特首普選方案。泛民的表態，使人對政改能否獲得所須立法會三分之二議員贊成通過，不抱期望。

　　泛民在諮詢還沒有開始前便要否決 2017 年特首普選方案的取態，癥結在於提名委員會。以提委會組成的不民主及要求提名候選人需要過半提委會成員通過，實質上是使中央可以隨便通過篩選篩走中央政府希望篩走的參選人。從一直以反對派身份存在希望終有一天能執政的泛民角度看，當然是沒有可能接受的。

　　但眾所周知，無論將出爐的方案如何爛如何不符泛民的民主要求，在取捨普選特首方案上斷然決定否決的有大兩難題。（一）通過方案讓 500 萬合資格選民參與投票選特首，肯定比只有 1 200 人特權人士才有資格投票的選舉是重大的進步。否決了它意味這些否決它的人是實質上剝奪了 500 萬合資格選民本來可以享有的投票權，是香港人邁向民主、即使是以蝸牛步伐地前進邁向民主的敵人。（二）人大常委會 8.31 決定已明言特首普選產生後，立法會選舉才可實行全部議員由普選產生，亦即未有普選特首前，立法會功能組別不會廢除。否決了特首普選方案也意味着

否決方案的人實質上是凍結了立法會邁向全面普選，意味着否決方案的人是香港人在推動香港民主發展上的敵人，無論推動民主的步伐是多麼艱難緩慢、路途是多麼崎嶇曲折。

泛民在決定否決這顯然有篩選成分的特首普選方案前，除了必須認真考慮這兩難題，也必須考慮一下子否定了那有些微進步、留有立法會選舉發展餘地的方案，也意味泛民採取的步伐與香港民主派過去 30 年一步一腳印、一點一滴爭取民主的歷程偏離。無疑，年輕人、激進民主派希望一蹴而就達致心目中的民主選舉，但回顧歷史、縱觀世界，世界各地民主發展與爭取民主權利的進程，從來便沒有坦途，而是充滿保守力量的阻撓、抵制和反撲，過程中也絕不缺乏策略上與原則上的妥協。

美國立國，1776 年獨立戰爭勝利後，13 個前殖民地組成 13 州聯邦，簽定了聯邦條例（Articles of Confederation）使各州有一位代表組成聯邦議會，然後用了十年的時間商討制定憲法。在制定憲法的最後階段，便因各州代表對新憲法規定國會的各州代表人數分配問題相持不下。人口多的大州希望以人口比例決定代表人數，人口少的小州希望劃一每州在國會的代表人數相等。

結果 1787 年 5 月維珍尼亞州代表團提出國會兩院制，建議兩院皆以人口比例分配議席，下議院議席由各州選民提名及投票選出；而上議院議席則由所屬各州議會提名，交由下議院選出。這便是所謂的維珍尼亞方案。

人口較少的州份對維珍尼亞方案深感不安，因為這樣國會的代表性會被人口多的州份淹沒。於是新澤西州的代表在同年 6 月提出新澤西方案，建議沿用聯邦條例的設計，即國會不分兩院，

而每州在國會的代表數目相同。

　　兩方案各有支持僵持不下。制憲會議首先否決了新澤西方案，但對維珍尼亞方案不能達成大多數。最後由康涅狄格州代表提出一個揉合了維珍尼亞（大州）與新澤西（小州）的方案，建議國會分兩院，參議院各州有同等數目的代表，而眾議院則以人口比例分配議席。歷史稱這次促成美國立憲成功的妥協為康涅狄格妥協或「偉大的妥協」（The Great Compromise）。

　　偉大的發明家、政治家、外交家及政治理論家，被稱為七位美國立國國父之一的佛蘭克林（Benjamin Franklin）在 1787 年 9 月 17 日美國憲法通過前夕，著名的總結發言時這樣說：

　　　　我承認對這部憲法的某些部分在目前而言我不贊同，但主席先生，我不能肯定我是否將永遠不贊同；因為經過漫長的人生，即使是在重要的議題上，我曾經歷過很多時候我會因更好的資訊或因全面的考慮，而被逼改變那些我曾經認為是正確但發現已不再是正確的看法。

　　　　(I confess that there are several parts of this constitution which I do not at present approve, but Sir, I am not sure I shall never approve them; for having lived long, I have experienced many instances of being obliged by better information, or full consideration, to change opinions even on important subjects, which I once thought right, but found to be otherwise.)

　　然後他說：「我同意這部憲法，連同它的所有缺陷。」（Sir, I

agree to this constitution, with all its faults.）

　　政治的建構，不論是政治思想形成或是政治架構的建構，從來便不是建立起來便是完美的。從來沒有所謂完美的政治思想或政治架構；只有永遠不斷需要發展批判，永遠有人會發展批判的政治思想；只有永遠需要改善，永遠有人在孜孜不倦爭取改善的政治架構。但無論如何發展與改善，必須有一個起始的雛形，有了雛形，才有賴以不斷改進的基礎。

　　泛民鐵板一塊地扼殺普選特首雛形方案，其中一個原因是很多泛民政客說過的「為甚麼要通過普選給予經過篩選候選人的特首幾百萬票選民的授權？」泛民的做法便是要阻撓市民行使他們的授權或反對權，維持特首選舉的小圈子性質使特首的地位繼續混沌，以便以在野黨派思維繼續可以以缺乏認受性為理由攻擊特首和政府，阻撓政府施政。這是典型政客為黨派利益的狹隘黨爭思維，而不是有宏遠目光以人民利益為重，一點一滴構建更好制度的政治家胸襟。

　　無論一些人怎樣激昂地說「抗命不認命」，政治現實是中央政府在國家安全的考慮下在現階段必然要在特首普選中篩選候選人。短期而言無論用甚麼手段逼中央政府改變 8.31 決定所定下的框架都是不切實際的。務實和真心為廣大市民着想的參政者，在構建政治架構的問題上，必須有如佛蘭克林般美國立國者的胸襟，拋開黨派利益爭奪的思維，以廣大市民的最大利益為前提全盤考慮與現實妥協。

　　如美國立憲過程一樣，政治便是永遠需要妥協才能向前。而爭取民主權利，也絕不是一天半天、一年兩年的事，而是與保守

力量的漫長周旋和鬥爭。

美國南北戰爭在 1865 年結束，1865 年美國國會通過憲法第 13 號修正案廢除奴隸制度，1869 年通過了第 14 號修正案給予美國非洲裔人公民權。同年也通過了重要的第 15 號修正案。美國憲法第 15 號修正案訂明「聯邦及各州政府不能以公民的種族、膚色或以前是否為奴隸身份而剝奪他的投票權。」

雖然有了第 15 號修正案，但美國聯邦最高法院最初對第 15 號修正案所定的原則框架的裁決極為狹窄，只按修正案條文不容以膚色種族為由剝奪投票權，卻不阻止南方各州以第 15 號修正案所述以外的理由限制投票權。因而在 1890 年到 1910 年期間，南方各州均立法對選民資格，加上種族及膚色以外各種形式非洲裔人難符合的要求，包括付人頭稅、語文程度要求等，把南方州份大部分非洲裔人排除於選民行列之外。直至 1940 年，美國南方州份非洲裔選民只佔非洲裔人口的 5%，及至 1960 年也才只佔 28%，遠遠低於白人的比例。

這情形要經歷漫長的爭取、到 1965 年美國總統詹森（Lyndon B. Johnson）簽署投票權法案，制止各州通過改變選舉法律來限制公民投票權才結束。至此，美國非洲裔人的投票權才能全面落實。至 1976 年美國南方州份非洲裔人選民佔非洲裔人口比例升至 63%，與白人的 68% 相若。

美國黑人自南北戰爭結束、開始爭取平等選舉權到獲得完全平等的選舉權利歷時 100 年。沒錯，請留意，那是漫長的 100 年。從他們爭取選舉權的經歷，香港人、特別是決定政改是否向前行手握決定權的泛民議員，實在有必要參考。同時也要參考美

國立國之初那些目光遠大的政治家的智慧和胸襟，放棄只爭朝夕的思維。

　　大多數香港人都明白民主的路途並不平坦，在香港的政治現實中，沉溺於抗爭，贏得一些人一時的掌聲，自絕於在政治上改變緩慢的中國，並不可能為香港帶來民主。泛民政客反覆說人大常委會 8.31 決定框架下普選特首的方案只能是爛方案，不參與諮詢制定，而乾脆否決。那是不負責任的做法。有 500 萬人可以投票的方案會比只有 1 200 人提名和投票的設計更爛嗎？

　　民調數字已證明大部分樂天知命渴求平穩過活的香港市民反對佔領運動，但並不表示他們反對民主。他們同樣追求民主，而且願意暫時接受並不完美的民主，然後繼續爭取。民意調查顯示有一半人願意在現階段接受並不完美的普選特首方案。那是以百萬計人的訴求，這以百萬計的人的意願與泛民議員的要求當然不盡相同，但作為民意代表、一年到晚都說反映市民訴求的泛民議員憑甚麼便毫不考慮地扼殺了這以百萬計的人的訴求？ 20 多人的意氣決定剝奪了以百萬計人從無到有的投票權，那是毫無道理的。

　　「千里之行，始於足下」。沒有初始的雛形，改良無從開始。從來沒有人說有篩選參選人的普選特首方案是完美的方案。2017年普選特首只是香港人爭取民主的開始，而不是終結。就如美國非洲裔人爭取沒有限制的投票權一樣，那是漫長的路途。而在這漫長民主路邁步啟程需要的是一次在香港發生的「偉大的妥協」。

　　泛民諸位，誰能有這樣的勇氣和胸襟？

（原文發表於 2015 年 1 月 18 日）

# 必須敢向犯錯的學生說不

香港媒體近日焦點集中於香港最高學府 —— 香港大學法律學院前院長陳文敏先生被傳出任港大副校長,遭受《文匯報》為首的香港左派報章圍攻,並引發特區政府干預相關負責的港大遴選委員會的質疑。

同一時間較少人留意的另一則新聞是另一學府的政治事件。特首梁振英先生的母校 —— 香港英皇書院,校方在去年 12 月及今年 2 月短短兩個月內因政改議題,先後分別遭受了反對「雨傘運動」與支持「雨傘運動」兩個不同陣營的攻擊及媒體關注。

事緣去年 12 月聖誕假期前,英皇書院校內的歌唱比賽活動,一些支持「雨傘運動」的高年班學生在學校禮堂內舉黃雨傘上台,並把支持佔中的影片投射到禮堂牆壁上,繼而個別稱為「英皇書院政改關注組」的學生把當天情況的短片放到網上。

網上的短片引來反佔中團體及一些自稱學生家長的人到校門外示威,指稱學校在畢業禮中讓學生在禮堂舉黃雨傘上台,引領學生誤入歧途;左派報章《文匯報》隨即也加入戰團,指責校方鼓勵學生佔中,教壞學生。

到了 2 月,「英皇書院政改關注組」的學生說希望知道同學對政改的看法,擬在校內就政改進行「公投」,與校方商討。校方

考慮到低班同學可能對政改資料沒有充分掌握，故建議並與提出「公投」的同學同意由通識科老師準備全面資料為同學先上有關政改的通識課，然後才以問卷「民調」方式收集同學意見。學校並與「關注組」同學同意「民調」只是校內活動，不把資料及民調結果放上網。但後來「關注組」同學要求在通識課及「民調」當日在校內向同學派發以「英皇書院政改關注組」名義製作的單張。為「民調」可以客觀地進行，校方不同意同學派發以「關注組」名義製作的單張。結果這些同學也同意不派發單張。

然而，「關注組」的同學違反與校方達成的承諾，把「民調」資料在通識課舉行前已經放上網，並且在通識課及「民調」當天早上上學時間，還沒有上通識課前便在學校門外向同學派發「英皇書院政改關注組」的政改宣傳單張及催谷同學踴躍參與問卷「民調」。

由於「關注組」的同學違反承諾及因此令「民調」不可能客觀地舉行，故校方決定有關政改的通識課如期進行，但上完通識課後不向同學派發「民調」問卷。

校方的決定結果也如所料，引來持支持「雨傘運動」家長攻擊校方打壓學生的政治活動，也引來傾向另一陣營的報章包括《明報》及《蘋果日報》的質疑。

同一學校、同樣議題，負責的人以教育工作者同樣專業標準處理；一方面讓學生有表達意見的自由，同時也向學生說不、以維持校園內政治中立不容學校被用作政治宣傳的底線。結果卻是不同政治立場的家長、不同政治取態的媒體，便各取所需以自己的立場和取態來關注，以及從他們自己的政治角度對校方的專業

決定進行批判及指責，使在關乎學校的事情上教育工作者的教育專業判斷不被尊重，而以政治立場為唯一褒貶的準則。可以看到在今天充滿政治爭拗的香港社會，要專業地履行職務是多麼困難的事。政治爭拗激化及不同陣營的兩極化已使專業人士沒有了只講專業不講政治的空間。

其實，英皇書院校方面對的便是今天香港社會的縮影 —— 政治爭拗已使需面對公眾的專業人士均無法純以專業方式及準則處理專業上的工作。政治凌駕專業便是今天香港的社會狀況。專業意志不夠堅定的，便會在政治爭拗的炮聲隆隆交火中，不再堅持以專業判斷為唯一的準則。香港大學選副校長，恐怕結果會是這樣。

不久前，一位看過我的文章的港大副教授約我下午茶敘。他說以他任教的學系來說，其實熱衷支持佔中的講師並不多，支持佔中的學生也不是大多數。但面對一小撮支持佔中學生的洶洶言論，即使是明顯的歪理，大學講師也噤若寒蟬，不敢說不，不敢明確的表示不同意。

這才是最恐怖的地方，就如一位報章評論員說，只要是學生說的，不論是何種歪理，成年人都不敢說不。政治取向成了唯一對錯的標準。那與文化大革命時期紅衛兵學生造反的情景，何其相似。

每一個人都有表達意見的權利，老師尊重學生的權利，不表示老師需要放棄向學生表達老師不同意見的權利。那天下午茶敘，我對這位大學副教授表達我的看法：對學生的觀點，強烈不同意的，應在尊重他們行使表達意見權利的同時，高聲向他們說

不同意他們的觀點。對一些持歪理的學生，更應如此。

前一些時候，一位學民思潮的女同學在立法會的陳述中講粗口唱粗口歌，一位資深傳媒人的評論員竟然意圖為這位女同學在立法會議事堂內爆粗解脫，說是因為這些學生「罷課試過了、走進會議室不卑不亢地跟政府高官會面過了、在街頭睡過了、胡椒噴霧和警棍都捱過了，但政府在政改問題上沒絲毫退讓，甚至在雨傘運動後政治更趨強硬，彷如這個世界沒有發生過佔領運動一樣，他們心中的那股不忿和怨氣，從何宣洩？當面向官員爆粗，也許是這樣衍生出來的政治宣洩手法」（2 月 12 日《明報》）。

這位資深傳媒人的邏輯真的大有問題。是甚麼邏輯道理說佔領過中環、罷過課、街頭睡過，人家不退讓，你便有權隨便公開以粗口對待別人？按這邏輯，那是不是若老師不理會學生的意見，學生便可以隨便公開向老師爆粗？是不是若父母不理會子女的意見，子女隨便公開向父母爆粗也是可以被理解接受的？按這位資深傳媒人的邏輯道理，有 150 萬市民簽名反對佔中，學生不理反對照樣佔中，是不是這 150 萬人應該公開用粗口對待佔中的學生？

這位資深傳媒工作者說「那正好顯示相當一部分的市民，多麼不尊重那個政府和領導人」；似乎對這位資深傳媒工作者來說，尊重只是單向的 —— 只有市民需要尊重這些有政客和傳媒撐腰的學生，包括尊重他們隨便用粗口對待別人的權利，而這些自己認為自己政治立場正確的學生卻可以完全目中無人，不需要尊重任何人。

政治取向似乎成為了這位應該是客觀專業的資深傳媒工作者

的唯一標準。

學生錯了，便要指正。政治立場對錯不是解脫的理由，包庇解說，只會使他們更肆無忌憚地錯下去。公開場合爆粗不尊重別人，是錯便是錯，怎樣解說也沒用；怎可以讓歪理顛覆常理？

然而可歎的是，對一些人來說，爭取民主便是那麼偉大的事情，偉大得可以顛覆所有常理。連大律師公會主席也可以說不違法並非法治概念，批評官員把「守法」掛在嘴邊。他說「不違反法律就是法治並不是我們恆久以來所認知的法治概念」（2 月 15日《明報》）。我倒想問問大律師公會主席：他究竟在說甚麼？不違法並非我們認知的法治概念？怎樣才算是？對不起，恕我愚昧，難道違法才是我們認知的 rule of the law ？究竟我們恆久以來所認知的法治概念是否包涵「守法」和「依法辦事」？殖民統治時代沒有民主、公義不完整、強調的只是「守法」，一眾殖民統治時代特權階級的大律師，在殖民統治時代有質疑過殖民統治時代強調「守法」的法治概念嗎？

政客、社會運動家或革命家，在法治問題上，可以講複雜的、爭論不休和可以改變制度與顛覆政權的政治理念。但對責任是確保現有體制有效運作的政府官員來說，把「守法」掛在嘴邊，有甚麼不對？參與連官員將「守法」掛在嘴邊也要批評一番的政治秀的，究竟是一個法律專業團體的主席，抑或是一個政客和社會運動家才應該做的事？

我恐怕那些還未曾為社會進步實質地貢獻過力量、不把「守法」掛在嘴邊、只把爭取民主口號與粗口同時掛在嘴邊、被傳媒和政客捧上半天走進歪路、隨便爆粗辱罵官員的學生，所持的便

是這種政治至上，只要自認為政治正確便可以顛覆常理，完全沒有行為準則底線地進行政治宣洩的思維邏輯。

碼頭工人出身、以他在 1951 年出版的名著《羣眾運動》（*The True Believer: Thoughts on the Nature of Mass Movements*）而聞名於世的已故美國著名社會哲學家艾力・賀佛爾（Eric Hoffer）便說：「我們這時代的弊病在於年輕人都在忙於教訓我們而沒有多餘的時間好好學習。」（It is the malady of our age that the young are so busy teaching us that they have no time left to learn.）

香港真的病了。

大學教授也好、中學老師也好，必須有向學生說不的勇氣。否則，大學教授也好、中學老師也好，任由這些被政客和媒體推波助瀾的學生錯下去，只顯示大學教授、中學老師，均因恐懼一小撮人借助媒體毒舌的政治威嚇而沒有做好他們的專業。

在人大 8.31 決定緊箍咒下爭取民主將是漫長的路，在走這漫長的路的同時，香港仍然需要進步、也必須進步。進步有賴學生好好學習、有賴每一階層的人回歸專業。政治並不是香港的全部，殖民統治時代不是，今天也不是。香港的校園必須回歸平靜，香港社會每一階層的人都必須回歸專業，好好地學習、好好地做好自己的工作。遏止由激進泛民牽起這股拿着爭取民主的政治招牌便可以橫行無忌、干擾破壞我們的專業、荼毒香港年輕一代的歪風。

（原文發表於 2015 年 3 月 22 日）

# 令人費解的香港法律專業

　　每年 4 月，香港律師會開始接受具外地執業律師資格的海外律師，報名參與律師會每年一次、專供海外律師投考的香港律師資格試。

　　在原來只有五科的海外律師本地執業資格考試（Overseas Lawyers Qualifying Examination），經律師會多年推動要求加入，今年開始增加了一科香港憲法（Hong Kong Constitutional Law）的考試。亦即考核投考人對香港獨有的《基本法》的認識。

　　與工程、建築或醫生等主要以客觀科學為基礎、或如會計、測量等主要有國際公認標準的專業不同，法律是一個相對比較本土（localized）的專業。每一個地方均因歷史及政治原因，在法律基本原則、法治概念、法律制度、法律的制定與執行方式，均各有獨特之處。而一個地方法律專業資格對外開放的程度與准入門檻的高低，足以反映這個地方的應用法律與其他地方應用法律共通的程度，也是這地方法律制度成熟程度及國際化的指標。

　　在法律專業對外開放上，香港可以說是非常開放的。在亞洲地區，除了新加坡外，幾乎沒有任何地方可以與香港比較。

　　以 2009 年至 2013 年五年的數字來說，在每年新獲取執業資格的事務律師（solicitors）當中，其中平均超過 27% 是海外律師

通過執業資格考試，成為本地律師的。

|  | 新執業律師人數 | 其中原為海外律師人數 | 百分比 |
|---|---|---|---|
| 2009 | 420 | 105 | 25.00% |
| 2010 | 457 | 148 | 32.39% |
| 2011 | 569 | 163 | 28.65% |
| 2012 | 508 | 151 | 29.72% |
| 2013 | 627 | 151 | 24.08% |
| 合計 | 2 581 | 718 | 27.82% |
| 1996 - 2013 | 8 522 | 1 765 | 20.71% |

　　若以自 1995 年律師會開始舉辦海外律師本地資格試至今計算，自 1996 年至 2013 年的 18 年間，獲取本地執業律師資格的共有 8 522 人，其中海外律師通過本地執業試獲取本地執業律師資格的共有 1 765 人，佔整體新執業律師人數的 20%。亦即自 1996 年至 2013 年 18 年平均每五位新獲取香港律師資格的人當中，有一位是非本地受訓的非香港人。

　　這些數字顯示，非本港永久居民的海外律師通過一次考試成為本地執業律師的人數，佔香港整體新執業律師人數的比例在近年正穩步上升。

　　有一些人批評，律師行業對外開放，使大量海外律師湧入，形成惡性競爭。過去來香港參與海外律師本地資格試的海外律師主要來自英、美、加、澳、紐或新加坡、馬來西亞等普通法地區的律師，加上很少數海外留學的中國內地律師。近年來，除了德、法等歐洲大陸法系地區的律師開始進入香港外，一些冷門地區如越南、台灣、菲律賓，甚至蒙古共和國，也有律師參與香港的海外律師本地資格考試成為香港律師。

從不同地方來的海外律師爭相成為本地律師，既是競爭，也是補充。香港律師成分多元，外地律師來港執業本地律師，也必然帶來所屬國家的客戶與企業，對香港經濟是有利的。這與過去很長的時間，香港特區政府不遺餘力在海外推廣宣傳香港法律服務是相輔相成的。香港過去成功的很重要要素便是「有容乃大」，今天也如是。

目前令人擔憂的，並不是法律專業對外開放可能引起的行業內競爭，而是很多接受過大學法律教育的香港年輕人被剝奪了參與競爭的最基本權利。因為在香港法律專業對外全方位開放的同時，在香港正有愈來愈多本地大學法律本科畢業生和在海外大學法律本科畢業回來的香港學生，因為三所本地大學壟斷了成為香港律師規定必須修讀的法律專業文憑課程，而被拒於晉身法律專業的大門外。

自從香港回歸中國，割斷了與英國法律專業資格互認的聯繫後，本地學生，不論是通過本地大學或英國大學取得本科法律學位的，均必須通過參與一年法律專業文憑課程和通過考評，才能加入法律專業成為執業律師或大律師。

香港三所大學每年提供法律專業文憑課程學位不到 600 個，但面對的需求，除了是本地大學和海外回流的香港法律本科畢業生外，更加上了近年幾間大學為非法律本科畢業生大量開設的法學博士（Juris Doctor）學位畢業生。與英國比較，人口是香港八倍的英格蘭威爾斯共有 27 所院校提供近 11 000 個律師專業訓練學額，給有志成為律師的法律畢業生，另 12 所院校提供超過 2 200 個大律師專業訓練學額，給有志成為大律師的法律畢業生。

法律專業訓練學額嚴重不足，使法律專業文憑課程學位遠遠不及需求而形成僧多粥少，每年使不少本地的法律本科或法學博士畢業生，失望於晉身法律專業之途。

香港在各個專業領域上對外開放，肯定對吸收人才、促進香港的經濟及社會發展有很大幫助。然而，目前香港法律專業面對的矛盾是面向國際的准入門檻低、開放程度高；但對本地同樣在大學接受過法律教育的年輕學生卻是極高的門檻，對本地年輕學生造成不公。

造成這樣的不公，也源於香港回歸中國。在 1997 年前，殖民統治時代的香港除了本地大學的法律專業文憑課程和考核外，本地學生也可以通過考取英國法律專業資格通過相互承認晉身香港的法律專業。香港回歸中國，此路不再，卻沒有本地同樣的統一資格考試取代以前考取英國專業資格作為香港執業資格的門路，形成了三所本地大學壟斷了香港學子晉身法律專業之途。

針對這一情況，也針對個別法律專業文憑課程畢業生水準參差的問題，香港律師會曾經提出，由律師會統一舉辦對所有合資格法律本科及其他接受相同法律教育的畢業生開放的法律專業資格考試，作為法律專業准入門檻；但這一建議，遭受三所大學與政府的冷淡回應。形成了三所大學壟斷本地學生進入法律專業大門的情況繼續下去。這與香港無限制開放給外地律師通過考試進入香港執業為香港律師，形成強烈的對比。

一個接受過大學本科法律教育或法學博士的畢業生，被拒於三所大學的法律專業文憑課程門外，意味着一個曾接受法律教育的香港畢業生被拒參與被評核是否合適當律師的機會。從世界各

地的經驗，可以決定哪一個曾經接受大學法律教育的畢業生可以被評核、哪一個不可以被評核是否合適當律師的決定權，只由三所大學壟斷，香港可以說是絕無僅有。

法律專業文憑課程學額僧多粥少情況下，很多考獲二等榮譽畢業的法律本科畢業生也被拒法律專業文憑課程門外。是否給畢業生一個機會是三所大學說了算，但用的是甚麼準則去選？就單單以法律專業文憑課程學額填滿為準則？學額填滿了便對即使夠資格的學生說「對不起，沒你份兒了」？為甚麼海外律師考取本地資格沒有准入人數的上限？對本地同樣合資格畢業生誰可以被評核卻由大學來以學額設限？從香港社會一直重視公平的角度看，這恐怕不是可以被接受的做法。

執業律師資格考評的要求水準可以定得很高、也應該定得很高，但前提是必須讓在大學接受過同樣法律教育達到同一水平畢業的所有人（注意：是同一水平的所有人）有一個公平參與被評核的機會。除了三所大學外，增加其他嚴謹的法律專業考評機制，給予每年有同一水平但不被大學法律專業文憑課程接受的數以百計畢業生一個平等的機會，在 1997 年前已經有過。實在看不出為甚麼 1997 年後不能有同樣的考評機制，也看不出三所大學和政府有甚麼合理的反對理由。

1996 年八仙嶺山火，為救被大火圍困的學生犧牲了性命的兩位中學老師之一的周志齊老師曾經說過「學校是給予（年輕）人機會的地方」。但對每年很多被拒法律專業文憑課程門外的年輕法律畢業生來說，香港的三間法律學院並沒有給他們一個公平地被考評的機會。而同一時間，香港法律專業市場卻對全世界敞

開，給予其他地方同樣教育背景的人無窮的機會。這正正便是令人費解的地方。

學者和決策者不斷說要給予年輕人向上爬的機會，事實恰恰是不斷擴展本地大專法律教育，卻不對本地法律畢業生同步擴展法律專業准入規模的大學及相關政策決策者，欠眾多每年被扼殺了機會、有志晉身服務法律專業的莘莘學子一個說法。

（原文發表於 2015 年 4 月 12 日）

# 香港的「本土主義」與「港獨」

　　西方社會在同屬一個國家範圍內的本土主義（Localism）內涵包含不同地方經濟上的本土優先，政治上地方力量有更大的決策權，和政府在作任何影響當地重大的建設項目前均先進行地方社區的公眾諮詢、平衡國家政策或戰略上的需要與地方的利益。無論是美國或是英國的政黨均有不同方式與程度的本土政策。所謂本土政策，便是本土優先與照顧本土利益，相對於政黨或政府以整個國家宏觀全局作為政策考慮。

　　21 世紀開始英國貝理雅（Tony Blair）首相的工黨政府在總結了第一任任期政府中央與地方政府互動經驗，推出了所謂「新本土主義」（New Localism）。新本土主義對於中央政府放權地方更為謹慎，強調下放給地方管理權而非政治權力。新本土主義與傳統的本土主義，區別於新本土主義更為接受中央政府在推動地方改變上的功能。

　　如果從西方社會本土主義的角度去看香港的本土主義運動，可以看到的是《基本法》賦予香港特別行政區政府高度自治權，使香港特區政府在處理香港事務上具備相當高、相當獨立、類似中央政府對國家的管治權。以香港這樣小的地方，本土主義在香港因而並不停留於香港某一地區，如黃大仙區本土利益相對於特

區政府的決策之爭，而是很快地提升為更高的層次 —— 香港與中央政府的矛盾。而弔詭的是香港並不如外國國家的一個城市一樣：中央政府決策可以主導某一城市的發展或完全改變這城市的發展方向。在香港，除了涉及內地與香港兩地人員的移徙及往來，中央政府並沒有參與香港本地事務的決策，中央政府在內地的決策執行也不影響香港。西方社會的本土主義論述因而並不完全適用於香港。

「本土主義」在香港是一個被扭曲了的名詞。在香港鼓吹香港獨特的本土主義，不論是「城邦派」抑或是「港獨派」都主張香港與宗主國的中國完全割裂，這顯然不是西方社會所理解的中央政府在地方事務有不可或缺功能、責任與權力的本土主義論述。香港的「本土主義」變成了以各種手段，擺脫中央在「一國兩制」中的憲政權利與責任的代名詞。

本土主義的「城邦派」與「港獨派」主張香港與宗主國的中國完全割裂，建立「香港人」的身份。早在 2012 年已經有人提出「我們是香港人，不是中國人」表達對中國的不滿，質疑中央政府行使對香港的憲制權力與責任為干預香港內部事務。有一些人更以此為藉口，推動香港擺脫中國對香港的管治權。

隨着去年佔中過後，冒起高舉「我不是中國人」橫額、欺凌內地訪港旅客、到球場上以噓聲掩蓋國歌，到處都顯示了這些心中無國家、對中國全無了解的年輕本土派的輕狂與迷失，使人驚覺的是香港的本土主義，已偏離了傳統本土主義中本土經濟與社會利益優先和參與影響本地決策的範疇，雖然這些年輕人還不敢明目張膽地鼓吹港獨，但卻處處意圖把否定國家的思維與行動推

動為時尚潮流。

然而，必須指出的是，不懂歷史、對國家毫無感情，被歪理蒙蔽的年輕人不論如何否定中國，他們必須面對兩個他們無法逾越的盲點。

第一，國家觀念模糊。本土派打正旗號說「我不是中國人」，那很自然地人們會問「那你是甚麼人？」他們會說「我是香港人」，如果有人再問「那你是香港的甚麼人？」時，他們便無從回答。香港不是一個國家，他們不可以說「我是香港黃大仙人」，如同四川人說「我是四川人」，湖南人可以說「我是湖南人」一樣。

無疑，香港是中西匯集的國際大都市，不同國籍的人長居這裏都成為香港人。巴基斯坦人會說「我是香港的巴基斯坦人」，印度人會說「我是香港的印度人」。香港永久居民中的英國人也好、美國人也好、菲律賓人也好，都是香港人，都是有不同國籍的香港人。只有在殖民統治時代，不願意成為只有次等公民權利的英國屬土公民才會是無國籍人士。殖民統治時代的華人既非英籍、也無法成為中華人民共和國或中華民國公民，法律上是無國籍人士，保有的卻是英殖民統治下中國人的身份。

所以，如果鼓吹本土主義的人不承認是中國人，那麼他們必須回答的問題是，他們是甚麼人？或者他們準備成為甚麼人？這是他們必須解除國民身份上的盲點。不承認自己是中國人，他們連殖民統治時代無國籍人士的中國人身份都沒有。

鼓吹與中國割裂的本土派人士不解決國籍身份問題，引領他們走向第二個盲點：港獨。

香港是中國的一部分，中英聯合聲明確立了這不可改變的事

實、《基本法》落實了這事實。居住在香港的中國人便是中國公民。否定這身份的自然結論和必然結論便是要鼓吹香港獨立,使香港成為獨立國家,為自己找尋「我不是中國人」後的一個國籍和國民身份。

在鬧市內惡形惡相、聲勢洶洶欺凌訪港的內地人、恐嚇商戶、破壞社會安寧的本土激進團體,不斷高呼「對準政權」鼓吹港獨的激進大學生們,他們為推動港獨準備好了嗎?

如果激進的本土派流氓、鼓吹港獨的激進學生並沒有推動香港獨立的決心,哪怕只是如蘇格蘭般公開推動獨立自決公投。如果連這個勇氣都沒有,便別再說「我不是中國人」、別再說「對準政權」。他們應該回歸自己的國籍身份,解除綱領與行動上的盲點。

反建制在任何時代都是年輕人的流行思潮。然而,任何時代總有一些激進的反建制年輕人走進極端的理想主義以激烈手段爭取的死胡同。充滿理想對現狀不滿的學生及知識分子羣便是孕育那些為理想不惜以武力手段達到的激進組織的溫床。

1970 代初,出現鼓吹推翻日本政府及天皇皇室的日本赤軍和同時期在意大利出現以逼使意大利退出北大西洋公約組織為開始的意大利赤旅,便是這類恐怖組織。而這些恐怖組織最後的發展往往便是如日本赤軍般自己內部的互相殘殺,或如意大利赤旅般最終淪為搶劫、綁架、勒索的犯罪組織。

香港的本土激進勢力對很多已經完全超越了常理、超越了一般人底線的破壞社會安寧行為,均辯解為因為政府的不仁、政府不聽他們的聲音。就如日本赤軍、意大利赤旅一樣,理想對盲目

的理想主義者來說是開始不顧一切的行動的理由。但一旦開始，便沒有回頭路。

政改表決前夕，香港警方偵破了一個名為「全國獨立黨」的鼓吹港獨激進恐怖組織，搗破了這組織的「炸彈工廠」，香港人赫然發覺，鼓吹推動港獨已不單單是如鼓吹的激進學生或姑息他們的泛民政客所說的學術討論或言論自由的表達，而是有綱領有實際行動對香港社會發出實質威脅的客觀存在事實。

對警方偵破「全國獨立黨」的「炸彈工廠」，除了兩位「香港本土」的泛民議員稱不知內情、范國威議員質疑指政改前夕爆出事件「似非巧合」、毛孟靜議員荒謬地懷疑有人「插贓嫁禍」外，其他的本土組織及有本土傾向的組織，均紛紛與激進恐怖組織劃清界線。

他們對此案的反應，說明大多數信奉香港的本土主義的人，是明白香港作為在中國一個享有高度自治權的特別行政區憲制安排下的底線的。

香港的激進本土主義者鼓吹與中央政府切割，以防止中央政府干預香港事務為理由，意圖否定憲制上中央政府對香港所擁有的權利與責任的論述，偏離了本土主義的真義，走向了鼓吹港獨歪途。

香港市民必須認清哪些人是真心為香港權益發聲的本土主義信徒，哪一些是掛着本土主義招牌實質卻是推動香港獨立的港獨分子。

（原文發表於 2015 年 7 月 12 日）